新时代职业教育课证融通新形态一体化精品教材

新能源汽车电力电子技术

主　编　常　鹤　吕　娜　马书亮
副主编　初立强　孙德惠　程业纯　阚健慧
编　者　常　鹤　吕　娜　马书亮　初立强
　　　　孙德惠　程业纯　阚健慧　李东薇
　　　　王　晴　王明旭　姚常芳　谢建杰
　　　　陈秋丽　靳晓艳　卢妍潼
主　审　齐方伟

西北工业大学出版社

西　安

【内容简介】 本书通俗易懂,层次分明,内容新颖,条理清晰,使用了大量的图片和实例,具有实用性强及理论与实践相结合的特点。本书共分为五个项目,分别介绍了新能源汽车高压防护基础、新能源汽车电路基础、新能源汽车电力电子元器件、新能源汽车控制器及传感器和新能源汽车电力拖动与控制等内容。

本书可供高等职业院校的汽车电子技术、汽车检测与维修技术、汽车技术服务等相关专业的师生使用,也可作为成人高等教育、汽车维修培训等相关课程的参考教材使用。

图书在版编目(CIP)数据

新能源汽车电力电子技术 / 常鹤,吕娜,马书亮主编. — 西安:西北工业大学出版社,2023.12
ISBN 978-7-5612-9111-5

Ⅰ.①新… Ⅱ.①常… ②吕… ③马… Ⅲ.①新能源-汽车-电力电子技术 Ⅳ.①U469.7

中国国家版本馆 CIP 数据核字(2023)第 232590 号

XINNENGYUAN QICHE DIANLI DIANZI JISHU
新 能 源 汽 车 电 力 电 子 技 术
常鹤　吕娜　马书亮　主编

责任编辑:刘　敏　李阿盟	策划编辑:孙显章
责任校对:杨　兰	装帧设计:博林文化 Bolinwenhua

出版发行:西北工业大学出版社
通信地址:西安市友谊西路 127 号　　　邮编:710072
电　　话:(029)88493844,88491757
网　　址:www.nwpup.com
印　刷　者:西安五星印刷有限公司
开　　本:787 mm×1 092 mm　　1/16
印　　张:10.25
字　　数:243 千字
版　　次:2023 年 12 月第 1 版　　2023 年 12 月第 1 次印刷
书　　号:ISBN 978-7-5612-9111-5
定　　价:39.00 元

如有印装问题请与出版社联系调换

前 言 PREFACE

　　近几年,面对节能与环保的双重压力,国家政策大力扶持新能源汽车产业,新能源汽车得到飞速发展,新能源汽车后市场需要大量的销售、维修及其他相关方面的人才。教育服务于市场,领先于市场,职业院校必须提前培养新能源汽车专业人才,为今后的新能源汽车后市场储备人才。传统的汽车电工电子学类教材已无法适应新能源汽车形势下汽车专业基础课程的发展需要,因此,笔者组织新能源汽车一线培训专家、维修技师及吉林科技职业技术学院资深教师编写了这本《新能源汽车电力电子技术》。本书为吉林省高等教育学会教学改革研究课题"新能源汽车技术专业人才培养共同新思路的研究"成果之一。

　　《新能源汽车电力电子技术》以新能源汽车的认识、使用和元件的检测为主导方向,改变新能源汽车教材过度偏向理论的缺点,使之贴近实际及职业教育的特点。本书系统性介绍了新能源汽车电力电子知识,共包括五个项目:项目一新能源汽车高压防护基础,介绍高压电基础知识、个人安全防护规范、高压维修场地安全规范、高压工具及设备,使学生具备新能源汽车高压安全基础知识;项目二新能源汽车电路基础,介绍新能源汽车电路的概念和组成、欧姆定律、数字万用表的种类和使用方法,使学生具备学习新能源汽车电力电子技术的基础知识;项目三新能源汽车电力电子元器件,介绍超级电容原理与应用、线圈基本原理与应用、二极管原理与应用、场效应晶体管原理与应用、IGBT原理与应用,使学生了解和认识新能源汽车电力电子常用元件的相关知识;项目四新能源汽车控制器及传感器,介绍电磁继电器原理与应用、磁电感应式传感器原理与应用、霍尔传感器原理与应用、热敏电阻原理与应用,使学生了解和认识新能源汽车电子控制的相关知识;项目五新能源汽车电力拖动与控制,介绍新能源汽车驱动电动机的认知、直流电动机控制电路原理与应用、三相电动机控制电路原理与应用,使学生了解和认识新能源汽车驱动电动机的相关知识。

　　本书采用大量实物照片,图文并茂,形式生动活泼,有利于激发学生的学习兴趣,适合高等职业院校新能源汽车专业及汽车相关专业的学生使用。本书的特点是概念清楚、深入浅出、便于自学,内容系统性较强,与新能源汽车专业实际需求紧密结合。

　　本书由吉林科技职业技术学院常鹤、吕娜、马书亮担任主编;上海雷神咨询有限公司初立强,吉林科技职业技术学院孙德惠、程业纯、阚健慧担任副主编;吉林科技职业技术学院李东薇、王晴、姚常芳、谢建杰、陈秋丽、靳晓艳、卢妍潼,长春市机械工业学校王明旭参编。其中,常鹤负责大纲的确定,项目一、项目二的编写;吕娜负责项目三、项目四的编写并负责全书统稿;马书亮负责项目五的编写;李东薇、王晴、姚常芳、谢建杰、陈秋丽、靳晓艳、卢妍潼、王明旭参与了编写工作。全书由吉林科技职业技术学院齐方伟主审,在此表示衷心的感谢。

在编写本书的过程中,笔者参考了大量国内外相关文献及汽车厂家的培训课件等资料,在此向有关作者及汽车厂家表示最真诚的感谢!

由于水平有限,书中难免有不妥和不足之处,殷切期望广大师生和读者批评指正。

编　者

2023 年 6 月

目录 | CONTENTS

项目一　新能源汽车高压防护基础 ·· 1
　任务一　高压电基础知识 ··· 1
　任务二　个人安全防护规范 ··· 9
　任务三　高压维修场地安全规范 ·· 17
　任务四　高压工具及设备 ·· 26

项目二　新能源汽车电路基础 ··· 37
　任务一　新能源汽车电路的概念和组成 ···································· 37
　任务二　欧姆定律 ·· 45
　任务三　数字万用表的种类和使用方法 ···································· 51

项目三　新能源汽车电力电子元器件 ······································· 63
　任务一　超级电容原理与应用 ·· 63
　任务二　线圈基本原理与应用 ·· 70
　任务三　二极管原理与应用 ·· 78
　任务四　场效应晶体管原理与应用 ·· 88
　任务五　IGBT 原理与应用 ··· 95

项目四　新能源汽车控制器及传感器 ······································ 102
　任务一　电磁继电器原理与应用 ··· 102
　任务二　磁电感应式传感器原理与应用 ··································· 110
　任务三　霍尔传感器原理与应用 ··· 115
　任务四　热敏电阻原理与应用 ··· 126

项目五　新能源汽车电力拖动与控制 ······································ 135
　任务一　新能源汽车驱动电动机的认知 ··································· 135
　任务二　直流电动机控制电路原理与应用 ································· 143
　任务三　三相电动机控制电路原理与应用 ································· 150

参考文献 ··· 158

项目一

新能源汽车高压防护基础

学思课堂

> 科学技术是第一生产力。由各种元器件构成的集成电路产业,是衡量国家综合实力的一个重要标志。中国在人工智能、大数据、量子通信等高科技领域已位于世界领先地位,但我们也应该清醒地认识到我国目前在智能制造的诸多核心领域依然"缺芯少核"。我国部分知名企业的发展受制于人,究其原因就是目前高科技芯片和操作系统缺乏独立自主的知识产权。作为大学生,我们应该努力学习专业知识,不断开拓创新,努力提高自身的科技攻关能力,以祖国强盛为己任,为自主知识产权的创造而发奋学习。

任务一　高压电基础知识

一、学习目标

(1) 了解电流对人体的危害,并能解释人体触电的原因。
(2) 会使用实训板模拟触电、验证人体对不同强度电流的反应。
(3) 会使用高压电防护用具进行安全操作。
(4) 正确、规范地使用实训板,培养和提升新能源汽车维修职业素养。

二、课前资讯

课前预习,完成以下判断题。得分_____(评分规则:每空 2 分,共 10 分)。

(1) 触电事故分为"电击"和"电伤"。　　　　　　　　　　　　　　　　(　　)
(2) 一般规定人体能承受的安全电压为 36 V 以下。　　　　　　　　　　(　　)
(3) 同样的电压,交流电的伤害要比直流电大很多。　　　　　　　　　　(　　)
(4) 对人体造成伤害的是电流。　　　　　　　　　　　　　　　　　　　(　　)

（5）影响人体电阻的因素有人体触电面积、身体状况、皮肤干燥程度等。　　　（　　）

三、任务导入

随着新能源汽车的日益普及，电在汽车领域的应用也日渐广泛。新能源汽车的工作电压是数百伏的高压电，远远超过人体所能承受的 36 V 安全电压。因此，在新能源汽车维修过程中，若操作不当，轻则损坏汽车，重则危及人身安全。

四、知识准备

依据中华人民共和国国家标准《电动汽车安全要求》(GB 18384—2020)，根据最大工作电压，将电气元件或电路分为 A、B 两级，电压等级如表 1-1-1 所示。

表 1-1-1　电压等级　　　　　　　　　　　　　　　　　　　　单位：V

电压等级	最大工作电压 U	
	直　流	交　流
A	$0<U\leq 60$	$0<U\leq 30$
B	$60<U\leq 1\ 500$	$30<U\leq 1\ 000$

(一) 人体电阻的大小

人体本身是一个导体，相当于一个电阻。人体电阻的大小是影响触电后受到伤害程度的重要物理因素。但其阻值并不是一个固定数值。一般在干燥环境中，低电压下具有比较高的阻值，人体电阻约为 100 kΩ；当电压高达数百伏时，人体电阻大约在 1 kΩ；皮肤出汗时，人体电阻约为 1 kΩ；皮肤有伤口时，人体电阻约为 800 Ω。影响人体电阻的因素有人体触电面积、身体状况、皮肤干燥程度等。

人体表皮具有这样高的电阻是因为它没有毛细血管。手指某部位的皮肤还有角质层，角质层的电阻值更高，而不经常受到摩擦部位的皮肤的电阻值是最小的。皮肤电阻还同人体与带电体的接触面积及压力有关。当表皮受损暴露出真皮时，人体内因布满了输送盐溶液的血管而具有很低的电阻。一般认为，接触到真皮里，一只手臂或一条腿的电阻大约为 500 Ω。因此，由一只手臂到另一只手臂或由一条腿到另一条腿的通路相当于一个 1 000 Ω 的电阻，人体电阻分布图如图 1-1-1 所示。

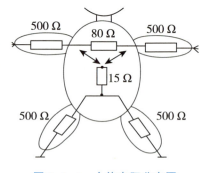

图 1-1-1　人体电阻分布图

(二) 人体的安全电压

安全电压是指不使人直接致死或致残的电压。一般环境条件下允许持续接触的安全特低电压是 36 V。安全电压也指为了防止触电事故发生而由特定电源供电所采用的电压系列。中国安全电压按额定值不同分为42 V、36 V、24 V、12 V和6 V五个等级。

例如，特别危险的环境中使用的手持电动工具应采用42 V特低电压；在电击危险环境中使用的手持照明灯和局部照明灯应采用36 V或24 V特低电压；金属容器内、特别潮湿处等特别危险环境中使用的手持照明灯采用12 V特低电压；水下等作业场所采用6 V特低电压。当电气设备采用的电压超过安全电压时，必须按规定采取防止直接接触带电体的保护措施。

(三) 人体的安全电流

1. 感知电流

在一定概率下，通过人体引起人的任何感觉的最小电流称为感知电流，对应于概率50%的感知电流，成年男性的感知电流约为1.1 mA，成年女性的感知电流约为0.7 mA。

2. 摆脱电流

人触电后能自己摆脱的最大电流称为摆脱电流。性别不同，摆脱电流值也不相同，成年男性平均摆脱电流约为16 mA，成年女性平均摆脱电流约为10.5 mA；成年男性最小摆脱电流约为9 mA，成年女性最小摆脱电流约为6 mA。摆脱电流是人体可以忍受且一般不造成不良后果的电流。当超过摆脱电流值时，触电者会感到异常痛苦、恐慌和难以忍受。如果触电时间过长，触电者则可能昏迷、窒息，甚至死亡。

3. 室颤电流

当电流通过人体时引起心室发生纤维性颤动的最小电流称为室颤电流。人体的室颤电流约为50 mA。在心室颤动状态，心脏每分钟颤动800~1 000次，但幅值很小，而且没有规律，血液实际上中止循环。触电者一旦发生心室颤动，数分钟内即可死亡。

通常情况下，安全电流是指使人不发生心室室颤的最大人体电流，一般场合为30 mA，高危场合为10 mA，水中或高空为5 mA。

(四) 电对人体的伤害以及相关影响因素

1. 电击

电流直接通过人体造成的伤害称为电击。电流通过人体内部造成人体器官的损伤，破坏人体内细胞的正常工作，主要表现为严重影响人体呼吸、心脏和神经系统，造成肌肉痉挛、神经系统紊乱、呼吸停止、心脏功能紊乱等组织损伤及功能障碍。

绝大多数触电死亡事故都是由电击造成的。人体电击示意图如图1-1-2所示，常见的触电部位是手，电流流出身体的部位绝大多数是脚，因为电流从一只手臂流到另一只手臂或者从手臂流到脚，都要经过心脏。如果有电流流过心脏，可能直接作用于心肌引起心室颤动。如果电流没有流过心脏，也可能经中枢神经系统的反射作用于心肌，引起心室颤动。当触电者发生心室颤动时，呼吸可能暂停2~3 min，在其丧失知觉前，

图1-1-2 人体电击示意图

有时还能叫喊几声,有时还能走动。但是,由于触电者心脏已进入心室颤动状态,血液已终止循环,大脑和全身迅速缺氧,情况将急剧恶化,如不及时抢救,触电者将很快死亡。电击对人体的危害可谓是致命的。

2. 电伤

电流转换为其他形式的能量作用于人体造成的伤害称为电伤。电伤是由电流的热效应、化学效应、机械效应等对人体造成的伤害。

(1) 电灼伤。

电灼伤是电流的热效应对人体造成的伤害,分为电流灼伤和电弧灼伤两种。电流灼伤是指人体与带电体接触,电流通过人体由电能转换为热能造成的伤害。电弧灼伤是由弧光放电造成的烧伤,分为直接电弧烧伤和间接电弧烧伤两种。直接电弧烧伤是带电体与人体之间发生电弧,有电流流过人体的烧伤;间接电弧烧伤是电弧发生在人体附近对人体的烧伤,包括熔化了的炽热金属溅出造成的烫伤。

(2) 电烙印。

电烙印是人体与带电体接触的部位留下的永久性斑痕,斑痕处皮肤失去弹性,表皮坏死。

(3) 皮肤金属化。

皮肤金属化是在电流的作用下使熔化和蒸发了的金属微粒渗入人体的皮肤,使皮肤坚硬、粗糙而呈现特殊颜色。皮肤金属化多是在弧光放电发生时形成的,在一般情况下,此种伤害是局部性的。

(4) 机械性损伤。

机械性损伤是电流作用于人体,由于中枢神经反射和肌肉剧烈收缩等作用导致的机体组织断裂、骨折等伤害。

(5) 电光眼。

电光眼是当发生弧光放电时,由红外线、可见光、紫外线等对人的眼睛的伤害,电光眼表现为角膜炎或结膜炎。

(五) 高压触电急救方法(具体见专业书籍,本书仅做参考)

1. 现场救护原则

(1) 迅速切断电源或用绝缘钩等不导电物体将触电者和漏电部位脱离。电源不明时,切忌直接用手接触触电者,以免自己也成为带电体而遭受电击。

(2) 若触电者呼吸心跳停止,则应立即采取心脏除颤、心肺复苏等急救措施。不要轻易放弃。心脏除颤、心肺复苏一般应进行半小时以上。有条件时应尽早在现场使用自动体外除颤器。

(3) 立即拨打120急救电话呼救。

(4) 持续在现场对呼吸、心跳停止者进行心肺复苏救护,直到专业医护人员到达现场。

(5) 局部烧伤人员应使用急救包进行创面的简易包扎,再送医院抢救。

2.触电伤员脱离高压带电体后的处理

(1)第一目击者通过轻拍触电伤员肩部或大声呼喊判定其是否丧失意识。如果伤员神志清醒,但有些心慌、四肢发麻、全身无力,或在触电过程中曾一度昏迷,但已清醒过来,应使伤员安静休息,不要走动,严密观察,必要时送医院诊治。

(2)若触电伤员已丧失意识,应在最短时间内判定伤员的呼吸心跳情况。具体方法是:看伤员的胸部、上腹部有无呼吸起伏动作;用耳贴近伤员的口鼻处,听有无呼气声音;试测口鼻有无呼气的气流,再用两手指轻试一侧喉结旁凹陷处的颈动脉有无搏动。如果伤员心脏还在跳动,还有呼吸,应使伤员在空气清新的地方舒适、安静地平躺,解开妨碍伤员呼吸的衣扣、腰带,天气寒冷时要注意为伤员加盖衣物,保持伤员体温,并迅速请医生到现场诊治。

(3)如果触电者失去知觉,呼吸停止,但心脏还在跳动,或者呼吸停止,心脏完全停止跳动,应立即就地进行有效的心肺复苏抢救,并迅速请医生到现场诊治。

3.现场急救的方法

对需要进行心肺复苏的伤员,在将其脱离高压带电体后,应立即就地进行抢救。如果现场仅有一人可以对伤员进行救护,可交替用人工呼吸和胸外按压进行救护。具体方法是:先胸外按压4~8次,然后口对口(鼻)吹气2~3次,再胸外按压4~8次,口对口(鼻)吹气2~3次,如此交替反复进行。

五、任务实施

1.实施要求

教学组织

分组实训:全班_____人,每_____人一组,分为_____组,使用_____套实训器材。

职责分工

教师职责:课堂纪律与安全管理、实训器材管理、指导与巡查。

学生职责:班长协助教师对班级进行全面管理与监控,学习委员负责器材管理和检查,团支书负责安全、纪律及素质评价,副班长负责搜集和反馈学生意见,实训小组长(临时指定人选)负责指导组内学习和交流。

6S 要求

安全(Safety)、整理(Seiri)、整顿(Seiton)、清洁(Seiketsu)、清扫(Seiso)、素养(Shitsuke)。

2.实施准备

(1)可调压锂电池模块。

(2)电流对人体的作用实训板。

(3)导线。

(4)识读电路图,如图1-1-3所示。

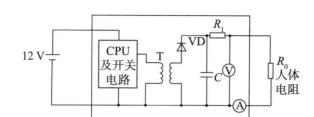

图 1-1-3　电路图

3.实施步骤

得分_____（评分规则：每空 4 分，共 20 分）。

根据电路图正确连接电路元件。

(1)探究在触电时人体接触面积不同的条件下,流经人体的电流及人体电阻的变化情况,填写表 1-1-2。接通电源后,确认可调电阻调到最左侧(电阻最大),右手的食指和中指分别触碰电极两端。将电流调到 300 μA 左右,在保持手指触碰电极的情况下,适当改变手指与电极的接触面积。

表 1-1-2　触电时接触面积不同对流经人体的电流及人体电阻的影响

测试项目	接触面积大时	接触面积小时
人体的电流/μA		
人体的电阻/Ω		
结论		

得分_____（评分规则：每空 2 分，共 30 分）。

(2)探究在电压等级不同的条件下,人体对电流的感受,填写表 1-1-3。接通电源,用拇指和小指触摸电极,转动电压旋钮,记录流经人体的电流值、人体的电阻值及描述人体的感觉。

表 1-1-3　触电时电压等级不同对流经人体的电流、人体电阻及人体感受的影响

电压等级	流经人体的电流/μA	人体的电阻/Ω	人体的感受
12 V			
24 V			
36 V			
60 V			
72 V			

得分_____（评分规则：每空 4 分，共 20 分）。

(3)探究在电流通过不同路径流经人体的条件下,人体电流、电阻的变化情况,填写表 1-1-4。接通电源后,确认可调电阻调到最左侧,调到 300 μA 左右,先用同一人的右手食指和左手食指分别触碰电极两端,然后两人牵手分别将另一只手的食指触碰电极。

项目一　新能源汽车高压防护基础

表 1-1-4　触电时电流路径不同对流经人体的电流、人体电阻的影响

测试项目	右手的食指和左手的食指触碰电极	两人牵手分别将食指触碰电极
人体的电流/μA		
人体的电阻/Ω		
结论		

（4）验证在开路条件下,电流对人体的作用。单手食指触摸正电极,缓慢转动旋钮,观察电压、电流、电阻的变化。由此可知,在没有构成回路的前提下,此时没有电流流经人体,人体是没有感觉的。因此对新能源汽车进行检修时,禁止人体与高压电路正负极构成回路,检修高压电路作业前,一定要拔下维修塞,进行断电处理。

（5）验证在穿戴防护用品条件下,电流对人体的作用。单手穿戴防护手套,食指与中指触摸电极,缓慢转动旋钮,观察电压、电流、电阻的变化。由此可知,在没有构成回路的前提下,此时没有电流流经人体,人体是没有感觉的。因此对新能源汽车高压电路系统进行检修时要穿戴防护用品。

4.注意事项

（1）连接电路前,确认电源开关处于断开状态。接线无误后,检查导线是否安装牢靠。

（2）在探究电压等级不同的条件下,人体对电流的感受时,有心脏病或配有心脏起搏器和助听器等电子医疗器械的学员,禁止操作。

（3）确认实训板直流电实验符合安全标准,为了保证安全,不建议另外做交流电实验。

六、6S 检查

得分_____（评分规则:共 10 分）。

根据 6S 检查的完成情况,填写表 1-1-5。

表 1-1-5　6S 检查的完成情况

6S 检查待完成步骤	完成情况	
	是	否
清点实训设备(1分)		
检查设备是否完好(1分)		
清洁设备并归位(2分)		
整理实训工位(2分)		
整理实训工单(2分)		
职业习惯养成 (2分)		

七、课后练习

得分 _____ (评分规则:每空 1 分,共 10 分)。

1.判断题

(1) 在任何环境下,36 V 都是安全电压。　　　　　　　　　　　　　　　　(　　)

(2) 在流经人体的电流大小相同的情况下,直流电对人体造成的伤害比交流电更大。
　　　　　　　　　　　　　　　　　　　　　　　　　　　　　　　　　(　　)

(3) 对新能源汽车高压电路进行检修时,使用绝缘手套前可以不用检查其是否破损。
　　　　　　　　　　　　　　　　　　　　　　　　　　　　　　　　　(　　)

(4) 在作业时有人发生了触电,要先断开主电源,再进行施救。　　　　　　(　　)

(5) 人体电阻的大小因人而异。　　　　　　　　　　　　　　　　　　　　(　　)

2.选择题(单选)

(1) 以下不是触电后出现的症状的是(　　)。
A.呼吸困难　　　　　B.手指刺痛　　　　　C.听力受损　　　　　D.有强烈的灼痛

(2) 根据安全标准,目前人体所能承受的安全特低电压为(　　)。
A.10 V　　　　　　　B.36 V　　　　　　　C.30 V　　　　　　　D.48 V

(3) 人体电阻与以下(　　)因素有关。
A.人体触电面积　　　B.皮肤干燥程度　　　C.身体状况　　　　　D.以上所有选项

(4) 高压电路的检修,需要佩(穿)戴(　　)。
A.绝缘鞋　　　　　　B.绝缘手套　　　　　C.护目镜　　　　　　D.以上所有选项

(5) 当电压高达数百伏时,人体电阻大约在(　　)。
A.100 kΩ　　　　　　B.1 kΩ　　　　　　　C.10 kΩ　　　　　　 D.5 000 Ω

八、评分汇总

根据各项目得分情况,填写表 1-1-6。

表 1-1-6　评分汇总

项　目	得　分
课前资讯(10 分)	
任务实施(70 分)	
6S 检查(10 分)	
课后习题(10 分)	
总分(100 分)	

项目一 新能源汽车高压防护基础

任务二 个人安全防护规范

一、学习目标

(1)能够描述安全防护设备的类型及检查方法。
(2)能够描述新能源汽车安全防护设备的使用方法。
(3)能够描述新能源汽车维修过程中使用的绝缘拆装工具的类型。
(4)培养良好的职业道德和工匠精神。

二、课前资讯

课前预习,完成以下判断题。得分_____(评分规则:每空 2 分,共 10 分)。
(1)绝缘手套能够承受 1 000 V 以上的工作电压。   (   )
(2)绝缘手套不具备抗酸碱性。   (   )
(3)护目镜的作用主要是使眼睛和面部免受紫外线、红外线和微波等电磁波的辐射,以及粉尘、烟尘、金属、砂石碎屑和化学溶液溅射的伤害。   (   )
(4)绝缘鞋不能受潮,受潮后严禁使用。   (   )
(5)绝缘手套使用后擦净、晾干,最好撒上一些滑石粉,可以二次使用。   (   )

三、任务导入

新能源电动汽车高压系统的电压超过人体的安全电压,因此在维护、检测及维修车辆的过程中必须严格遵守高压安全规范。按照相关标准要求,高压作业必须贯彻"安全第一、预防为主"的方针。对于从事高压系统作业的人员,除自身身体素质需要满足一定要求之外,还必须做好个人的安全防护,才能进行新能源电动汽车相关高压作业。

四、知识准备

新能源电动汽车高压系统产生的电磁辐射对从事高压系统作业人员的身体素质提出了必要的要求。国家标准要求高压操作者"身体健康,无妨碍工作的症状,不患有妨碍从事高压维修的疾病或残疾,包括心脏病、精神病、癫痫病、聋哑及色盲等"。新能源电动汽车高压系统作业人员需要满足健康状况的具体要求如下。

1)若携带或体内植入维持生命和健康的电子医疗器械,则不能从事高压系统操作,也不得在高压系统旁作业。

2)国家标准要求新能源电动汽车内所有的高压零部件必须满足一定的安全防护等级,但有些高压零部件在维护或故障修复过程中必须对其进行开盖或解体,操作类似情况的维修人员服装或身体上不得佩戴金属附件,如金属纽扣、金属拉链、手表及金属戒指等,以免发生触电事故。

3）操作者若是色盲或是严重色弱,则不能从事高压系统作业。

新能源电动汽车在维修过程中可能需要断开高压或低压接插件,按照要求断开时,需要施以防护措施。由于空气干燥或穿戴涤纶服装等原因,操作者自身可能携带静电。高压零部件修复操作者可能触及控制芯片,其所携带的静电会造成控制芯片受损,这类维修工况的操作者必须佩戴防静电手环。防静电手环如图1-2-1所示。

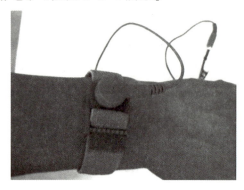

图1-2-1　防静电手环

(一) 高压安全警告标识

在高压维修工位或车辆、高压部件附近放置明显的警告标识,如图1-2-2所示,防止无关人员进入工位或触摸高压部件,以免发生触电事故。

图1-2-2　高压安全警告标识

(二) 个人安全防护装备

1. 避免高压触电的防护

绝缘手套在拆卸及安装高压部件的时候使用。绝缘手套具备两种性能:一是能够承受1 000 V以上的工作电压;二是具备抗酸碱性。绝缘手套如图1-2-3所示。

(1) 高压绝缘手套的概念和作用。

高压绝缘手套是指在高压电气设备上进行带电作业时,起到电气绝缘作用的一种手套。该手套区别于一般劳动保护用的安全防护手

图1-2-3　绝缘手套

项目一 新能源汽车高压防护基础

套,具有良好的电气绝缘性能和较高的机械性能,并具有良好的使用性能。

高压绝缘手套具有避免使用者在接触带电电路时受到伤害的作用。高压绝缘手套的防护等级取决于手套的额定电压,额定电压值通常标注在手套上。

(2)高压绝缘手套的技术要求。

高压绝缘手套通常由天然或合成橡胶制成,为立体手模分指式。每只手套上必须有明显且持久的标记,包括标记符号,使用电压等级/类别,制造单位名称或商标,制造年份、月份,规格型号、尺寸,周期试验日期栏,检验合格印章,贴有经试验单位定期试验的合格证。

(3)高压绝缘手套的现场检查。

高压绝缘手套不可用于触电防护以外的任何其他类型的防护,并且高压绝缘手套易受割伤、磨损、高温和化学劣变的影响,这些因素将导致手套永久失效。操作者应在每次使用高压绝缘手套前检查其是否有损,检查分为外观检查和充气检查两种。

1)外观检查。使用高压绝缘手套前,操作者应对每副手套进行仔细检查,查看手套是否存在裂纹、裂缝或褪色等物理损坏,并将手套内面也彻底翻出,以便清楚观察到手套的全部表面。高压绝缘手套表面必须平滑,内外面应无针孔、疵点、裂纹、砂岩、杂质、修剪损伤和夹紧痕迹等各种明显缺陷,以及明显的波纹及铸模痕迹。此外,不允许有染料污染痕迹。

2)充气检查。完成一次彻底的外观检查后,操作者应对高压绝缘手套进行充气检查。将每副手套从手套袖口处快速卷起,使其手指和手掌部分充分鼓起。

为完成充气检查,操作者应注意以下几点。

①捏紧手套的袖口处以封住空气。

②将手套的袖口紧密地向手套指尖方向卷起,仍然捏紧卷起的部分。

③确保手套的手掌区域和指尖区域因空气挤压充入而鼓起。

④确保手套在鼓起后保持充气压力,不漏气;掰开手套指缝间观察,细听有无漏气声。

⑤如手套未膨胀鼓起,则定位漏气点。

如手套无法充气或充气后漏气,操作者必须找到漏气部分。每次使用后,操作者都应对高压绝缘手套进行检查和测试,若发现手套损坏,操作者应立即更换手套。

2.眼部的安全防护

最常见的护目用具是带塑料侧护板的护目镜,如图1-2-4所示,它能防止眼部受到撞击。无论是在混合动力还是纯电动等新能源汽车上作业,操作者都必须佩戴相应标准的带侧护板的护目镜。

图1-2-4 护目镜

(1)护目镜的概念和作用。

护目镜是一种具有特殊作用的眼镜。护目镜的种类很多,有防尘眼镜、防冲击眼镜、防化学眼镜和防光辐射眼镜等。护目镜的作用主要是使眼睛和面部免受紫外线、红外线和微波等电磁波的辐射,以及粉尘、烟尘、金属、砂石碎屑和化学溶液溅射的伤害。使用的场合不同,需要的护目镜种类也不同。

11

(2)护目镜的使用。

使用前的检查:

①检查镜片是否容易脱落。

②透镜表面应充分研磨,不得有用肉眼可看出的伤痕、纹理、气泡和异物等。

③戴上护目镜时,影像应绝对清晰,不得模糊不清。

使用注意事项:

①选用经检验机构检验合格的产品。

②护目镜的宽窄和大小要适合使用者的脸型。

③镜片磨损粗糙、镜架损坏,则会影响操作者的视力,应及时调换。

④护目镜要专人专用,防止传染眼病。

⑤护目镜按要求焊接滤光片和保护片。

⑥使用时防止重摔重压,防止坚硬的物体磨损镜片和面罩。

3.足部的安全防护

常见的足部危害因素有物体砸伤或刺伤、高低温伤害、化学性伤害、触电伤害与静电伤害等。在混合动力或纯电动新能源汽车上作业时,操作者必须穿相应标准的绝缘鞋,如图1-2-5所示。应根据工作环境或设备的电压选择相应等级的绝缘鞋。

图1-2-5 绝缘鞋

(1)绝缘鞋的作用。

绝缘鞋的作用是使人体与地面绝缘,防止电流通过人体与大地之间构成通路而对人体造成电击伤害。它还能防止试验电压范围内的跨步电压对人体产生危害,因此进行电气作业时不仅要戴绝缘手套,还要穿绝缘鞋。绝缘鞋产品具有透气性能好、防静电、耐磨和防滑等特点,主要用于避免因静电而发生燃爆事故。

(2)操作者使用绝缘鞋,并配合基本安全工具,可避免跨步电压引起的电击。

①绝缘鞋适宜在交流50 Hz、1 000 V以下,或直流1 500 V以下的电力设备上工作,作为安全辅助用具使用。

②绝缘鞋不能受潮,受潮后严禁使用。一旦受潮,就要放在通风透气的阴凉处自然风干,以免变形受损。鞋底被异物刺穿后,不能再作绝缘鞋使用。

③注意绝缘鞋的皮面保养,勤擦鞋油。擦拭时先用干净软布把鞋表面的灰尘擦去,然后将鞋油挤在布上,并均匀涂在鞋面上,待鞋油略干后再擦拭。

④绝缘鞋不宜在雨天穿,更不宜用水洗,否则容易发生断线、脱胶、脱色和泛盐霜等现象。

⑤绝缘鞋不能与油类、酸类、碱类及尖锐物体等接触,以防腐蚀、变形和受损。

⑥彩色绝缘鞋(包括白色)在穿着中尤其应注意,不能碰到污水、污物、茶渍和可乐等,否则会留下污渍,使原色受损。

⑦绝缘鞋穿后若出现轻微褶皱、轻微变形等,则属于正常现象。

⑧绝缘鞋受潮或遇汗脚后,易出现泛盐霜现象。如出现泛盐霜现象,可用纱布或棉花蘸取少量温水擦净,再把鞋放在通风处晾干,最后用鞋油擦拭,反复数次即可恢复原状。

⑨绝缘鞋存放时,应保持整洁、干燥并擦好鞋油,自然平放。存放一段时间后,重新擦拭鞋油以防霉变。

4. 头部的安全防护

防止头部触电常用的安全防护用具是电绝缘安全帽,如图1-2-6所示。在混合动力或纯电动新能源汽车举升工位下进行作业时,操作者必须佩戴相应标准的电绝缘安全帽。

图1-2-6　电绝缘安全帽

(1)安全帽的作用和组成。

安全帽可防止人的头部受到坠落物及其他特定因素的伤害,它由帽盖、帽衬、下颌带和附件组成。

(2)安全帽的外观检查。

①检查"三证"。"三证"即生产许可证、产品合格证和安全鉴定证。凡是在我国国内生产、销售的安全帽,按规定均应具备以上证书。

②检查标识。检查永久性标识和产品说明是否齐全准确。安全帽属于国家劳动防护产品,应具有"安全防护"盾形标识。

③检查产品做工。合格的安全帽做工较细,没有毛边,且质地均匀。新能源汽车高压作业需要选用蓝色的电绝缘安全帽。

(3)安全帽的佩戴和使用。

①戴安全帽前应将帽后调整带按自己头型调整到合适的位置,然后将帽内弹性带系牢。

②不要把安全帽歪戴,也不要把帽檐戴在脑后方,否则会削弱安全帽的防护作用。

③安全帽的下颌带必须扣在颌下并系牢,松紧度合适。这样安全帽不至于被风吹掉,或被其他障碍物碰掉,或由于头的前后摆动而脱落。

④安全帽的顶部除在帽体内安装帽衬外,还开有通风小孔。但使用时不要为了透气而随意再开孔,通风小孔开得越多,帽体的防护强度越低。

⑤安全帽在使用过程中会逐渐磨损,因此要定期检查有无龟裂、下凹、裂痕和磨损等情况,发现异常要及时更换,不得继续使用。任何受过重击、有裂痕的安全帽,不论有无损坏均应报废。

⑥严禁使用只有下颌带与帽壳连接的安全帽(即帽内无缓冲层)。

⑦操作者在现场作业过程中,不得将安全帽脱下、搁置一旁,或当作坐垫使用。

⑧安全帽大部分由高密度、低压的聚乙烯塑料制成,具有硬化和变蜕的性质,因此不宜长时间在阳光下曝晒。

⑨平时使用安全帽时应注意保持整洁,不能接触火源,不要任意涂刷油漆。如果丢失或损坏,必须立即补发或更换。未佩戴安全帽者一律不准进入高压作业现场。

5.身体的安全防护

穿防静电服可以提供额外的安全防护,防静电服如图1-2-7所示。触电通常都与燃烧联系在一起,因此维修高压设备时建议穿防静电服。

防静电服由专用防静电洁净面料制成。该面料采用专用涤纶长丝,径向或纬向嵌织导电纤维。它具有高效、永久的防静电、防尘性能,以及薄滑、织纹清晰的特点。在制作成衣过程中采用专用包缝机械,可有效减少微粒的产生。使用无尘粘扣带可避免因掉毛污染环境。根据级别要求提供不同款式,并采用导电纤维缝制,使服装各部分保持电气连续性。袖管、裤管为特有的双层结构,内层使用导电或防静电螺纹,从而满足高级别无尘环境的要求。

图1-2-7 防静电服

五、任务实施

1.实施要求

教学组织

分组实训:全班_____人,每_____人一组,分为_____组,使用_____套实训器材。

职责分工

教师职责:课堂纪律与安全管理、实训器材管理、指导与巡查。

学生职责:班长协助教师对班级进行全面管理与监控,学习委员负责器材管理和检查,团支书负责安全、纪律及素质评价,副班长负责搜集和反馈学生意见,实训小组长负责指导组内学习和交流。

6S 要求

安全、整理、整顿、清洁、清扫、素养。

2.实施准备

(1)绝缘手套。

(2)护目镜。

(3)安全帽。

(4)防静电服。

3. 实施步骤

(1) 绝缘手套的检查与使用方法如图 1-2-8 所示。

第一步:检查绝缘手套是否在有效检验期。

第二步:检查绝缘手套橡胶是否完好。

第三步:吹气检查绝缘手套是否有漏气现象。

第四步:正确佩戴好绝缘手套,并按要求使用。

第五步:使用后擦净、晾干,最好撒上一些滑石粉,以免粘连。

(a) 吹气检查手套　　　　(b) 正确佩戴手套方法

图 1-2-8　绝缘手套的检查与使用方法

根据绝缘手套的检查与使用方法,记录各项操作的完成情况,填写表 1-2-1。

得分_____(评分规则:每项 8 分,共 40 分)。

表 1-2-1　绝缘手套使用的完成情况

操作步骤	完成情况(是否能正确找到位置)	
	是	否
检查绝缘手套是否在有效检验期		
检查绝缘手套橡胶是否完好		
吹气检查绝缘手套		
正确佩戴好绝缘手套		
使用后擦净、晾干、撒滑石粉		

(2) 根据个人标准着装流程的完成情况,填写表 1-2-2。

得分_____(评分规则:每项 10 分,共 30 分)。

表 1-2-2　个人标准着装流程的完成情况

检查项目	完成情况	
	是	否
个人防护用具是否佩戴齐全		
绝缘手套是否检查及使用方法是否正确		
护目镜是否检查及使用方法是否正确		

六、6S 检查

得分 _____ (评分规则:共 10 分)。

根据 6S 检查的完成情况,填写表 1-2-3。

表 1-2-3　6S 检查的完成情况

6S 检查待完成步骤	完成情况	
	是	否
清点实训设备(1分)		
检查设备是否完好(1分)		
清洁设备并归位(2分)		
整理实训工位(2分)		
整理实训工单(2分)		
职业习惯养成(2分)		

七、课后练习

得分 _____ (评分规则:每空 1 分,共 10 分)。

1. 判断题

(1) 护目镜除了正面防护眼睛外,还具有侧面防护功能。　　　　　　　　　(　　)

(2) 维修高电压系统时,能穿化纤类的工作服。　　　　　　　　　　　　　(　　)

(3) 在使用过程中应该让灭火器保持垂直,切勿横放或者倒置。　　　　　　(　　)

(4) 绝缘鞋不能受潮,受潮后严禁使用。　　　　　　　　　　　　　　　　(　　)

(5) 使用绝缘手套前要充气检查绝缘手套是否有漏气现象。　　　　　　　　(　　)

2. 选择题(单选)

(1) 绝缘手套在拆卸及安装高压部件的时候使用。绝缘手套能够承受(　　)以上的工作电压。

　　A.1 000 V　　　　　　　　B.500 V　　　　　　　　C.100 V

(2) GB 21148—2020《足部防护 安全鞋》规定Ⅰ类安全鞋泄漏电流需小于(　　)。

　　A.0.3 mA/kV　　　　　　 B.0.5 mA/kV　　　　　　C.1.0 mA/kV

(3) 绝缘鞋适宜在交流 50 Hz、1 000 V 以下,或直流(　　)以下的电力设备上工作时,作为安全辅助用具使用。

　　A.1 000 V　　　　　　　　B.1 500 V　　　　　　　C.500 V

(4) 安全帽属于国家劳动防护产品,应具有"安全防护"(　　)标识。

　　A.盾形　　　　　　　　　　B.圆形　　　　　　　　　C.三角形

(5) 绝缘鞋的作用是使人体与地面绝缘,防止(　　)通过人体与大地之间构成通路而对人体造成电击伤害,降低触电的可能性。

　　A.电压　　　　　　　　　　B.电位　　　　　　　　　C.电流

八、评分汇总

根据各项目得分情况,填写表1-2-4。

表1-2-4 评分汇总

项　　目	得　　分
课前资讯(10分)	
任务实施(70分)	
6S检查(10分)	
课后习题(10分)	
总分(100分)	

任务三　高压维修场地安全规范

一、学习目标

(1)能够描述安全防护设备的类型、检查和使用方法。
(2)能够描述新能源汽车火灾的特点和灭火器材的种类、使用方法。
(3)能够描述新能源汽车维修过程中使用的绝缘拆装工具的类型。
(4)培养良好的职业道德和工匠精神。

二、课前资讯

课前预习,完成以下判断题。得分_____(评分规则:每空2分,共10分)。

(1)充电设备与充电车位边界线应保持足够的距离,该距离不宜小于0.4 m。　(　)
(2)绝缘拆装工具必须装有耐压1 000 V以上的绝缘柄。　(　)
(3)电动汽车发生火灾时,如果只是小范围明火,推荐使用灭火器灭火。　(　)
(4)水基灭火器可扑灭各种电器火灾。　(　)
(5)安全标识设在哪里都可以。　(　)

三、任务导入

为了减少安全事故的发生,电动汽车高压系统的维修作业必须在专用的高压维修场地进行。电动汽车高压维修场地主要涉及高压维修场地区域划分、场地安全防护、电气安全、消防安全、照明及通风等领域。

四、知识准备

(一)高压维修场地的区域划分

1.高压维修工位区域

在高压维修工位区域主要进行汽车高压系统维修操作,如动力电池的更换、驱动电动机的拆卸及汽车维护等操作。其区域的大小视具体情况而定,主要与维修车型尺寸和维修规模有关。该工位还涉及车辆修理时使用的维护或维修设备,如举升机、万用表及示波器等,除了这些传统维修设备外,该区域还包含相关高压设备。

2.充电区域

在高压维修过程中有时需要对电动汽车进行充电操作,因此在高压维修场地中必须配备充电区域,一般需要配备2个及以上充电区域。

充电区域应满足以下要求。

(1)区域选择应考虑电气安全,并远离易燃、易爆、污染等危险源。

(2)充电设施的选址应符合环境保护和消防安全的要求。

(3)充电桩一般安装于充电车位的旁边或一端,考虑到充电桩周边有设置防撞墩(围栏)的需要,同时为保证充电时操作人员的工作空间,充电设备与充电车位边界线应保持足够的距离,该距离不宜小于0.4 m。

(4)为避免充电区域内行驶的车辆相互干扰,参照现行国家标准相关要求,应提前规划好充电区域的出口和入口。出口和入口分开设置,能为停车场内部交通组织提供极大的方便,在条件允许时应尽可能满足此要求。

(5)室内照明宜采用荧光灯,充电区域的照度不应低于100 lx,主干道不应低于5 lx。

3.动力电池临时存储区域

新能源电动汽车的动力电池在使用过程中,会面临储能能力不足和损坏等问题。为保证电动汽车的正常使用,一般需要临时存储一定数量的备用动力电池,若出现储能能力不足和损坏等问题,需取出放置在存储区域内的备用动力电池替代损坏的动力电池。动力电池属于危险品,其存储区域需要满足国家标准或行业标准要求。

4.备件区域

为了保证汽车维护和维修的及时性,汽车维修场所通常存储一定数量的常用配件,此存储区缩小域即备件区域。它维持服务与销售的稳定,应对市场的变化和用户的需求。配件库存管理的好坏体现出4S店的服务能力、服务质量和资金的运作水平,也影响顾客的满意度。

(二)高压维修场地安全防护

1.高压场地设置急救药箱

在新能源电动汽车维修过程中,可能发生突发事件,如烫伤等,因此高压维修场地应设置急救药箱。放置地点一般选在维修区域附近,且应贴有明显的标识,一般不推荐药箱内放置内

项目一　新能源汽车高压防护基础

服药。急救药箱和标识如图 1-3-1 所示。

图 1-3-1　急救药箱和标识

2.高压场地设置防护装备

(1)个体防护装备及其用途如表 1-3-1 所示。

表 1-3-1　个体防护装备及其用途

名　称	用　途
安全帽	拆除及安装高压部件时使用
耐高温手套	拆除及安装高压部件时使用,防止因工具发热熔化引起的烧伤
耐酸手套	拆除及安装高压部件时使用,防止因浓电解液飞溅引起的腐蚀
防护面具	火灾救援
棉手套	拆除及安装非带电部件时使用
防护眼镜	拆除及安装高压部件时使用

(2)绝缘安全器具如图 1-3-2 所示。基本绝缘工具和辅助绝缘工具的名称和用途如表 1-3-2 所示。

(a)绝缘钩　　(b)绝缘笔　　(c)绝缘垫

图 1-3-2　绝缘安全器具

表 1-3-2　基本绝缘工具和辅助绝缘工具的名称和用途

类　型	名　称	用　途
基本绝缘器具	绝缘剪钳	用来剪断电缆或执行其他类似工作
	绝缘钩	通过拉拽将高压设备检修人员、试验人员及状态不佳者脱离危险区域
	验电笔	用来测试电线中是否带电

19

续表

类 型	名 称	用 途
辅助绝缘器具	绝缘垫	拆除及安装高压部件时使用
	绝缘工具	拆除及安装高压部件时使用
	绝缘鞋	拆除及安装高压部件时使用
	绝缘手套	拆除及安装高压部件时使用

（3）安全隔离带。在进行电动汽车高压维修作业时,必须在维修场地周围设置安全隔离带,如图1-3-3所示,防止无关人员进入维修区域,发生安全事故。隔离带上的"止步,高压危险!"字样必须面向维修场地的外侧或者放置安全标识,提醒无关人员禁止入内。

图1-3-3　安全隔离带

（4）安全标识。安全标识分为禁止标识、警告标识、指令标识、提示标识四大类型,图1-3-4所示为在不同的区域应贴有不同类型的安全标识,如在动力电池临时存储区域,应当贴有禁止烟火、当心触电、当心安全等标识。安全标识的作用是使影响安全与健康的对象或环境能够迅速引起人们的注意,并使人们对特定信息获得快速理解,但是安全标识布置错误也会造成事故的发生,特别是在电动汽车高压维修场地布置安全标识应遵循如下规则。

①安全标识应设在与安全有关的醒目地方,并使人们看见后,有足够的时间来注意它所表示的内容。

②标识牌设置的高度,应尽量与人眼的视线高度相一致,标识牌的平面与视线夹角应接近90°,观察者位于最大观察距离时,最小夹角不低于75°。

（a）警告安全标识　（b）禁止安全标识　（c）指令安全标识　（d）提示安全标识

图1-3-4　安全标识

③悬挂式和柱式的环境信息标识牌的下缘距地面的高度不宜低于2 m,环境信息标识宜设在有关场所的入口处和醒目处。

④局部信息标识的设置高度应视具体情况确定,应设在所涉及的相应危险地点或设备

(部件)附近的醒目处。

⑤标识牌不应设在门、窗、架等可移动的物体上,以免标识牌随母体物体相应移动,影响认读,并且标识牌前不得放置妨碍认读的障碍物。

⑥多个标识牌在一起设置时,应按警告、禁止、指令、提示类型的顺序,先左后右、先上后下地排列。

(三)高压维修场地电气方面要求

新能源电动汽车和传统燃油汽车在结构和工作原理上的差异,造成了新能源电动汽车高压维修场地对电气方面的要求更高。新能源电动汽车高压维修场地供电都是由变压器输出端引入户内进线并进入配电柜,配电柜输入三相交流电压 380 V,任意一根火线与零线组合输出交流电压 220 V。对于大容量负载,必须使用交流电压 380 V 动力电源,小负载可采用交流电压 220 V 电源。每一类负载要求具有独立的断路器和漏电保护器。断路器和漏电保护器应满足负载需求,并起到过载保护的作用。

新能源电动汽车高压系统属于浮地系统,不需要与地接连,但在进行电动汽车充电时必须与地可靠连接。因此,在新能源电动汽车高压维修作业区域附近应安装专用维修工位的接地线,且应当具有明显提示。接地线参数需要满足国标要求,需要将户外接地点引入维修工位。

(四)高压维修场地消防要求

新能源电动汽车高压维修场地必须配备消防设备(灭火器)。各区域配置灭火器时,除了考虑灭火器种类外,还应考虑灭火器安置位置、配置数量、日常维护等。

1.火灾特点

新能源电动汽车涉及高压电路,发生电气火灾的概率及危害远大于传统的内燃机汽车,因此必须预防车辆自燃等火灾的发生,及时处理机舱内的油污、插接件松动或线束老化等隐患。

电动汽车发生火灾时,如果只是线束冒烟或小范围明火,推荐使用灭火器灭火。如果发生大面积火灾,特别是动力电池部位的火灾,最有效的灭火方式是采用大量的水灭火。

使用大量的水(即采用消防栓及其他消防设备)会快速对短路产生的热量降温,并使电能耗尽,达到有效灭火的目的。但是如果使用少量的水,例如只用一桶水灭火,则更加危险,将会加剧动力电池火灾的程度。

2.灭火器分类和适用范围

不同国家和地区对灭火器的分类略有不同,但基本上是按火灾的种类分类的。

A 类(Class A):含碳可燃固体之火警,如木、草、纸张、塑胶、橡胶;

B 类(Class B):可燃液体之火警,如汽油、柴油、煤油、机油;

C 类(Class C):可燃气体之火警,如液化石油气、天然气、乙炔、甲烷;

D 类(Class D):可燃固体金属之火警,如镁、铜、铁、铝;

E 类(Class E):通电物体之火警,指带电物体和精密仪器等设备的火灾。

从电动汽车的火灾类型来说,属于 E 类火灾,需要使用满足电气绝缘要求的灭火器来扑灭。

灭火器应该根据实际的条件使用，注意绝对不能用酸碱药液或泡沫灭火器扑救电气设备发生的火灾，因为灭火药液有导电性，而且酸碱药液会强烈腐蚀电气设备，事后不易清除。

二氧化碳灭火器如图1-3-5所示，适用于扑救电气设备发生的火灾，二氧化碳没有腐蚀作用，不会损坏电气设备。

干粉灭火器如图1-3-6所示，一般称为ABC干粉灭火器，适用于扑灭A、B、C类火灾。ABC干粉灭火器也适用扑救电气火灾，灭火速度快。

水基灭火器如图1-3-7所示，适用于扑救固体或非水溶性液体的初起火灾。对于电气火灾，水基灭火器对电绝缘性能最高可达到36 kV，可扑灭各种电气火灾。

图1-3-5 二氧化碳灭火器　　　图1-3-6 干粉灭火器　　　图1-3-7 水基灭火器

(五) 高压维修场地照明要求

一个合适的照明强度，能够营造一个良好的工作环境，提高工作效率，有利于安全生产。在新能源电动汽车高压维修场地中，不同区域对照明的要求各不相同，有的区域对照度要求较高，有的区域则要求较低。

新能源电动汽车高压维修场地的照明方式有一般照明、分区照明、应急照明等，它们分别应用在不同的场合。

高压维修场地中不同的区域采用的光源是不同的，视具体情况而定，如充电区域内的照明灯宜用配光合理、效率高及寿命长的节能灯，应急照明应选用能快速点亮的光源。一般情况下，室内照明宜采用荧光灯，室外照明宜选用金属卤化物灯或高压钠灯。

新能源电动汽车高压维修场地灯具的选择应根据具体情况而定，如动力电池存储区域应采用防爆灯具，潮湿环境应采用防护等级高的灯具等。

(六) 高压维修场地通风要求

高压维修场地通风属于工业通风，工业通风就是利用技术手段将车间内被生产活动所污染的空气排走，把新鲜的或经专门处理的清洁空气送入车间。它起着改善车间生产环境、保证工人从事生产所必需的劳动条件、保护工人身体健康的作用，是控制工业毒物、防尘、防毒、防暑降温工作中积极有效的技术措施之一。

新能源电动汽车高压维修场地要求满足通风良好条件，如对于动力电池临时存储区域，国标等都有明确的要求。通风良好指建筑物室内污浊的空气直接或净化后排出室外，再把新鲜的空气补充进去,从而保持室内的空气环境符合卫生标准,保证室内人员的热舒适感,满足室内人员对新鲜空气的需要等。

五、任务实施

1.实施要求

教学组织

分组实训:全班_____人,每_____人一组,分为_____组,使用_____套实训器材。

职责分工

教师职责:课堂纪律与安全管理、实训器材管理、指导与巡查。

学生职责:班长协助教师对班级进行全面管理与监控,学习委员负责器材管理和检查,团支书负责安全、纪律及素质评价,副班长负责搜集和反馈学生意见,实训小组长负责指导组内学习和交流。

6S 要求

安全、整理、整顿、清洁、清扫、素养。

2.实施准备

(1)急救药箱。

(2)防护装备。

(3)安全标识。

(4)灭火器。

(5)照明设备。

3.实施步骤

得分_____(评分规则:每项 5 分,共 40 分)。

(1)根据场地检查及布置的完成情况,填写表1-3-3。

表1-3-3 场地检查及布置的完成情况

检查项目	完成情况	
	是	否
安全标识完整和放置位置合理		
安全隔离带形成封闭空间并具有标识		
具备合理的灭火设备		
具备必备的医疗设施		
具备合适的照明		
场地具有良好的通风条件		
电源具有漏电保护装置		
具有良好的接地		

(2)探究灭火器的使用方法。

各种类型的灭火器使用方法大同小异,使用时应参照灭火器上标注的说明书,并严格按照消防部门的培训(消防演习)执行。以水基灭火器为例,其操作步骤如图 1-3-8 所示。

①将灭火器拿起,一只手提起手柄即可(如果觉得单手操作吃力,可用另一只手托住灭火器底部)。

②拔下把手处的保险销(安全插销的作用:不小心压到手柄的时候,不会误喷)。

③与火源保持 3~5 步的距离(即 2~3 m),用力按压手柄,灭火器即会喷出水雾。

④对准火源根部进行扫射。

注意:在使用过程中应该让灭火器保持垂直,切勿横放或者倒置。

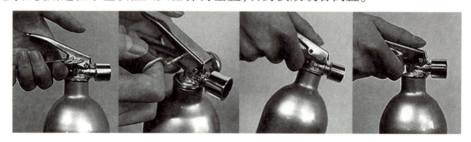

图 1-3-8　水基灭火器的操作步骤

4.注意事项

(1)绝缘手套使用后擦净、晾干,最好撒上一些滑石粉,以免粘连,影响二次使用。

(2)当灭火器的压力表指向红色区域时,应当停止使用,并及时更换。

(3)使用灭火器灭火时,务必保持安全距离。

根据灭火器的使用情况,填写表 1-3-4。

得分_____(评分规则:每项 10 分,共 30 分)。

表 1-3-4　灭火器的使用情况

操作步骤	完成情况	
	是	否
水基灭火器使用方法		
干粉灭火器使用方法		
二氧化碳灭火器使用方法		

六、6S 检查

得分_____(评分规则:共 10 分)。

根据 6S 检查的完成情况,填写表 1-3-5。

项目一　新能源汽车高压防护基础

表 1-3-5　6S 检查的完成情况

6S检查待完成步骤	完成情况	
	是	否
清点实训设备（1分）		
检查设备是否完好（1分）		
清洁设备并归位（2分）		
整理实训工位（2分）		
整理实训工单（2分）		
职业习惯养成（2分）		

七、课后练习

得分_____（评分规则：每空1分，共10分）。

1.判断题

（1）每一类负载要求具有独立的断路器和漏电保护器。　　　　　　　　（　　）

（2）在使用过程中应该让灭火器保持垂直，切勿横放或者倒置。　　　　（　　）

（3）当灭火器的压力表指向红色区域时，可以继续使用，不用更换。　　（　　）

（4）断路器和漏电保护器应满足负载需求并起到过载保护的作用。　　　（　　）

（5）如果发生大面积火灾，特别是动力电池部位的火灾，最有效的灭火方式是采用大量的水灭火。　　　　　　　　　　　　　　　　　　　　　　　　　　　　（　　）

2.选择题（单选）

（1）高压维修过程中有时需要对电动汽车进行充电操作，因此在高压维修场地中必须配备充电区域，一般需要配备（　　）个及以上。

A.2　　　　　　　　　　B.5　　　　　　　　　　C.7

（2）水基灭火器与火源保持（　　）m距离，用力按压手柄，灭火器即会喷出水雾。

A.1~2　　　　　　　　　B.2~3　　　　　　　　　C.3~5

（3）通电物体之火警，指带电物体和精密仪器等设备的火灾，属于（　　）火灾。

A. A 类　　　　　　　　B. C 类　　　　　　　　C. E 类

八、评分汇总

根据各项目得分情况，填写表 1-3-6。

表 1-3-6　评分汇总

项目	得分
课前资讯（10分）	

续表

项 目	得 分
任务实施(70分)	
6S检查(10分)	
课后习题(10分)	
总分(100分)	

任务四 高压工具及设备

一、学习目标

(1) 了解手摇绝缘电阻表的结构及使用方法。

(2) 了解数字绝缘电阻表的结构。

(3) 能对美国福禄克 Fluke 1508 绝缘检测仪进行识别。

(4) 会使用美国福禄克 Fluke 1508 绝缘检测仪。

(5) 培养安全意识和团队协作精神。

二、课前资讯

课前预习,完成以下判断题。得分_____(评分规则:每空2分,共10分)。

(1) 手摇绝缘电阻表由一个摇柄、一个刻度盘和三个接线柱(即 L:线路端,E:接地端,G:屏蔽端)组成。   (   )

(2) 直流电压变换器(DC-DC 变换器)将电池电压转换为直流高压测试电压,它是数字绝缘电阻表的关键部分。   (   )

(3) 手摇绝缘电阻表开路实验:将绝缘电阻表水平放置,连接线开路,以 120 r/min 的速度摇动摇柄。在开路实验中,指针应指到"0"处。   (   )

(4) 使用绝缘电阻表测量高压设备绝缘,应由单人操作。   (   )

(5) Fluke 1508 绝缘测试仪不支持交流、直流电压的测量。   (   )

三、任务导入

新能源电动汽车在维修过程中,维修人员除了会使用一些传统工具和设备外,还会选择一些与高压作业相关的工具及设备,包括绝缘工具套装、起重设备、电池包拆装升降台、故障解码仪、耐压测试仪、绝缘电阻表(兆欧级电阻表、毫欧级电阻表)等。

项目一　新能源汽车高压防护基础

四、知识准备

(一)解体高压部件工具

除了传统的汽车维修工具外,新能源汽车因为存在高压电路,需要使用专用的维修工具。绝缘是指用不导电的物质(绝缘材料)将带电体隔离或包裹起来,对触电起保护作用的一种安全措施。使用绝缘材料加工的绝缘工具可以有效防止意外触电事故的发生,对新能源汽车涉及高压的部分零部件进行拆装时,必须使用绝缘拆装工具,如图1-4-1所示。绝缘拆装工具必须装有耐压1 000 V以上的绝缘柄。

绝缘工具通常由两个绝缘层构成。工具内部的绝缘层大多为黄色,而外层为橙色。双绝缘层的作用是为操作者提高安全预警。若工具的绝缘部分磨损或破坏,露出内部的黄色绝缘层,则必须废弃并更换新的完好工具。

图1-4-1　绝缘拆装工具

(二)动力电池举升机(举升平台)

纯电动汽车的动力电池质量高达400~500 kg,拆装时必须使用动力电池举升机,如图1-4-2所示。动力电池举升机配套双柱龙门举升机使用,顶部带绝缘垫,举升动力有液压动力、气动、电动等类型。

图1-4-2　电力电池举升机

(三)高压测试设备

1. 手摇绝缘电阻表

手摇绝缘电阻表是一种用于测量高电阻的读数式仪表,一般用来测量电路、电动机绕组、电缆和电气设备等的绝缘电阻。万用表测量的一般为低电压条件下的绝缘电阻,而手摇绝缘电阻表测量的一般为高电压条件下的绝缘电阻。

手摇绝缘电阻表又称绝缘电阻表,它是以兆欧(MΩ)为单位的。

手摇绝缘电阻表是电力、邮电、通信、机电安装和维修等行业常用的仪表。它用于测量各种绝缘材料的电阻值,以及变压器、电动机、电缆和电气设备等的绝缘电阻。它由一个摇柄、一个刻度盘和三个接线柱(即 L:线路端,E:接地端,G:屏蔽端)组成,手摇绝缘电阻表如图1-4-3所示。

图 1-4-3　手摇绝缘电阻表

手摇绝缘电阻表根据所测电压的不同,分为 500 V、1 000 V 和 2 500 V 三种。在无特殊规定时,设备的工作电压在 500 V 及以下的使用 500 V 的绝缘电阻表测量,若选用高电压绝缘电阻表则可能损坏被测设备的绝缘;工作电压为 500~3 000 V(不含)的使用 1 000 V 的绝缘电阻表测量;工作电压在 3 000 V 及以上的使用 2 500 V 绝缘电阻表测量。

2. 数字绝缘电阻表

数字绝缘电阻表受电池驱动,免去手摇发电的麻烦,具有精度高、读数直观、操作方便、安全可靠、便于携带等优点,已逐渐取代传统绝缘电阻表,成为测量绝缘电阻最常用的仪表,数字绝缘电阻表如图1-4-4所示。数字绝缘电阻表一般由直流电压变换器将电池电压转换为直流高压电作为测试电压,该测试电压施加于被测物上产生的电流经电流电压转换器转换为相应的电压值,然后送入模数转换器变为数字编码,再经微处理器计算处理,由显示器显示出相应的电阻值。

直流电压变换器(DC-DC 变换器)将电池电压转换为直流高压测试电压,它是数字绝缘电阻表的关键部分。新能源汽车高压维修使用的数字绝缘电阻表根据所测电压的不同,分为直流高压

图 1-4-4　数字绝缘电阻表

项目一 新能源汽车高压防护基础

250 V、500 V、1 000 V,以及交流高压 750 V。

五、任务实施

1.实施要求

教学组织

分组实训:全班_____人,每_____人一组,分为_____组,使用_____套实训器材。

职责分工

教师职责:课堂纪律与安全管理、实训器材管理、指导与巡查。

学生职责:班长协助教师对班级进行全面管理与监控,学习委员负责器材管理和检查,团支书负责安全、纪律及素质评价,副班长负责搜集和反馈学生意见,实训小组长(临时指定人选)负责指导组内学习和交流。

6S 要求

安全、整理、整顿、清洁、清扫、素养。

2.实施准备

(1)工具设备:手摇绝缘电阻表、数字绝缘电阻表(美国福禄克 Fluke 1508)。

(2)台架车辆:绝缘测试工作台。

(3)辅助资料:绝缘电阻表使用说明书、连接导线、教材。

3.实施步骤

(1)手摇绝缘电阻表的使用。

①使用前的安全检查。在使用前应检查绝缘电阻表连接线的绝缘层是否完好,有无破损。检查绝缘电阻表固定接线柱有无滑丝。

开路实验:将绝缘电阻表水平放置,连接线开路,以 120 r/min 的速度摇动摇柄。在开路实验中,指针应指到"∞"处(在开路实验过程中,双手不能触碰线夹的导体部分,实验完成后,相互触碰线夹放电),如图 1-4-5 所示。

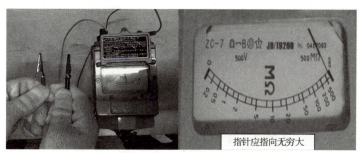

图 1-4-5 开路实验装置

短路实验:以 120 r/min 的速度摇动摇柄,使 L 和 E 两接线柱输出线瞬时短接。短路实验中,指针应迅速指零。注意在摇动手柄时不得让 L 和 E 短接时间过长,否则将损坏绝缘电阻表,如图 1-4-6 所示。

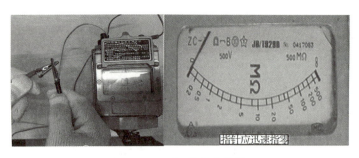

图 1-4-6　短路实验装置

根据开路实验和短路实验的完成情况,填写表 1-4-1。

得分_____(评分规则:每正常完成一项 7.5 分,共 15 分)。

表 1-4-1　开路实验和短路实验的完成情况

操作步骤	完成情况	
	是	否
开路实验		
短路实验		

②手摇绝缘电阻表的使用。

观测被测设备和线路是否在停电的状态下进行测量。

绝缘电阻表与被测设备间的连接导线不能用双股绝缘线或绞线,应用单股线分开单独连接,绝缘测试工作台如图 1-4-7 所示。

确认三相导线无电,如有电需使用放电棒进行放电。

图 1-4-7　绝缘测试工作台

为减小测量误差,通过接地线屏蔽测量时相线绝缘上产生的泄漏电流,连接接地线(短路线)如图 1-4-8 所示。接线时,先接接地端,后接导线端,拆线时顺序则相反。

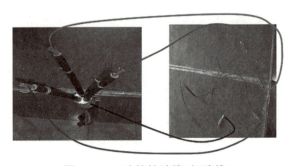

图 1-4-8　连接接地线(短路线)

相对地绝缘电阻测量接线。选择 1 000 V 量程的绝缘电阻表,先将绝缘电阻表的接线端子"E"接地,再将接线端子"L"接相线,然后将接线端子"G"接在相线绝缘上,最后将被测相线的

项目一　新能源汽车高压防护基础

接地线拆除。使用时以 120 r/min 的匀速摇动绝缘电阻表 1 min,读取表针稳定的数值。

相对相绝缘电阻测量接线。G 端子为屏蔽端子,目的是屏蔽测量时相线绝缘上产生的泄漏电流,以减小测量误差。

绝缘电阻的要求:对 10 kV 的高压电缆,要求在 400 MΩ 以上;潮湿环境,要求在 1 000 MΩ 以上。

根据使用手摇绝缘电阻表的操作步骤完成情况,填写表 1-4-2。

得分_____(评分规则:每正常完成一项 5 分,共 15 分)。

表 1-4-2　使用手摇绝缘电阻表的操作步骤完成情况

操作步骤	完成情况(是否正常完成)	
	是	否
连接接地线		
相对地绝缘电阻测量接线		
测量值(写出读值)		

(2)数字绝缘电阻表的识别和使用方法。

①Fluke 1508 绝缘检测仪的识别。Fluke 1508 型仪表是一种由电池供电的绝缘测试仪(以下简称"测试仪")。其由绝缘测试仪、测量表笔、绝缘测试笔、测量鳄鱼夹等部件组成。Fluke 1508 绝缘检测仪如图 1-4-9 所示,该测试仪符合第四类(CAT Ⅳ)IEC 61010 标准。IEC 61010 标准根据瞬态脉冲的危险程度定义了四种测量类别(CAT Ⅰ 至 CAT Ⅳ)。第四类(CAT Ⅳ)测试仪可防护来自供电母线的(如高空或地下公用事业线路设施)瞬态损害。

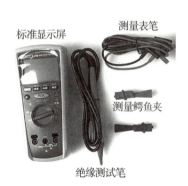

图 1-4-9　Fluke 1508 绝缘检测仪

旋转开关位置:选择任意测量功能挡即可启动测试仪。测试仪为该功能挡提供了一个标准显示屏(量程、测量单位、组合键等)。左上角按钮用于选择其他旋转开关功能挡。

旋转开关位置如图 1-4-10 所示。

开关位置	测量功能
⎓ V	AC(交流)或DC(直流)电压,从 0.1 V至600.0 V
零 Ω	Ohms(欧姆),从0.01 Ω至20.00 kΩ
1 000 V 500 V 250 V 100 V 50 V	Ohms(欧姆),从0.01 MΩ至10.0 GΩ 利用50 V、100 V、250 V、500 V和1 000 V 执行绝缘测试

图 1-4-10　旋转开关位置

31

按钮和指示灯:使用按钮来激活可扩充旋转开关所选功能的特性。测试仪上还有两个指示灯,使用所选功能时,它们会点亮。按钮和指示灯如图 1-4-11 所示。

按钮/指示灯	说 明
☐	按左上角按钮来选择其他测量功能挡
☐	保存一次绝缘电阻或接地耦合电阻测量结果
调用 储存	第二功能。检索保存在内存中的测量值
PI/DAR 比较	给绝缘测试设定通过/失败极限
PI/DAR 比较	第二功能。按此按钮来配置测试仪进行极化指数或介电吸收比测试。按 测试 按钮开始测试
清除 锁定	测试锁定。如在按测试按钮之前按下此 测试 按钮,则在再次按下锁定或测试按钮解除锁定之前,测试将保持在活动状态
清除 锁定	第二功能。清除所有内存内容

图 1-4-11 按钮和指示灯

显示屏:显示屏和指示符如图 1-4-12 所示。

图 1-4-12 显示屏和指示符

输入端子:如图 1-4-13 所示,分别可以进行电阻、电压和绝缘电阻的测量,COM 表示接地。

图 1-4-13 输入端子

②Fluke 1508 绝缘检测仪的使用方法。

项目一 新能源汽车高压防护基础

电压测量:测试仪支持交流、直流电压的测量。将转换开关转换至电压测试位置,测试表笔插入电压/绝缘测试端子和公用端子(无须按下测试按钮)。

电阻测量:将测试探头插入 Ω 和 COM(公共)输入端子。将旋转开关转至"零$_Ω$"挡位置。将探头的端部短接并按住蓝色按钮等到显示屏出现短画线符号。测试仪测量探头的电阻,将读数保存在内存中,并将其从读数中减去。当测试仪在关闭状态时,仍会保存探头的电阻读数,如果探头电阻大于 2 Ω,则不会被保存。将探头与待测电路连接,测试仪会自动检测电路是否通电。主显示位置显示 "----" 按"测试"按钮,将获得一个有效的电阻读数。

绝缘测量:绝缘测试只能在不通电的电路上进行。绝缘测量如图 1-4-14 所示,要测量绝缘电阻,请按照图示设定测试仪,并遵照下列步骤操作:

a. 将测试探头插入 V 和 COM(公共)输入端子。

b. 将旋转开关转至所需要的测试电压。

c. 将探头与待测电路连接,测试仪会自动检测电路是否通电。

d. 按住"测试"按钮开始测试。

e. 继续将探头留在测试点上,然后释放"测试"按钮。被测电路即开始通过测试仪放电。主显示位置显示电阻读数,直到开始新的测试或者选择了不同功能或量程,或者检测到了 30 V 以上的电压。

重要提示:绝缘电阻测试仪测量的是被测物体面到面的电阻值,而非点到点的电阻值,所以导线不能接在不导电的物体(如电缆胶皮,塑料外壳)表面,而需先用导电的材料(如锡箔纸)覆贴于被测物体表面,再将导线接在导电面上,才可以测量。

熔断器测试:如图 1-4-15 所示。先将旋转开关转至"零$_Ω$"位置,再按住"测试"按钮,如果显示屏读数是"FUSE",则表示保险丝已损坏,应予以更换。

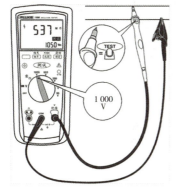   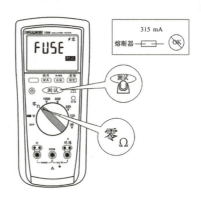

图 1-4-14 绝缘测量装置   图 1-4-15 熔断器测试装置

根据绝缘测量和熔断器测试的测量结果,填写表 1-4-3。

得分_____(评分规则:每正常完成一项 10 分,共 40 分)。

表 1-4-3　绝缘测量和熔断器测试的测量结果

操作步骤	旋转开关位置	测量结果
绝缘测量		
熔断器测试		

4. 注意事项

(1) 手摇绝缘电阻表使用注意事项。

①使用绝缘电阻表测量高压设备绝缘,应由两人操作。

②应视被测设备电压等级的不同选用合适的绝缘电阻测试仪。

③测量用的导线,应使用绝缘导线,其端部应有绝缘套。

④手摇绝缘电阻表与被测设备之间应使用单股线分开单独连接,并保持线路表面清洁干燥,避免因线与线之间绝缘不良产生误差。

⑤测量绝缘时,必须将被测设备从各方面断开,验明无电压,证明设备上无人工作后,方可操作。在测量中禁止其他人接近设备。

⑥测量绝缘前后,必须将被测设备对地放电。被测设备必须与其他电源断开,以保护设备及人身安全。

⑦测量线路绝缘时,应取得对方允许后再操作。

⑧在有感应电压的线路上(同杆架设的双回线路或单回线路与另一线路有平行段)测量绝缘时,必须将另一回线路同时停电,方可操作。

⑨在带电设备附近测量绝缘电阻时,操作者和绝缘电阻表的安放位置必须适当,保持安全距离,以免绝缘电阻表引线或引线支持物触碰带电部分。移动引线时,必须注意监护,防止操作者触电。

⑩摇测时,将绝缘电阻表置于水平位置,摇把转动时其端钮间不许短路。摇测电容器、电缆时,必须在摇把转动的情况下将接线拆开,否则反充电会损坏绝缘电阻表。

⑪摇动手柄时,应由慢渐快,均匀加速到 120 r/min,并注意防止触电。摇动过程中,指针已指零时,不能再继续摇动,以防表内线圈发热损坏。

⑫为防止被测设备表面泄漏电阻,使用绝缘电阻表时,应将被测设备的中间层(如电缆壳芯之间的内层绝缘物)接保护环。

⑬禁止在雷电天气或在带高压导体的设备处使用绝缘电阻表测量。

(2) Fluke 1508 绝缘检测仪使用注意事项。

①测量电阻时注意事项。

a. 如果电路中的电压超过 2 V(交流或直流),在主显示位置显示电压超过 2 V 警告的同时,还会显示高压符号(Z)。在这种情况下,测试被禁止。在继续操作之前,先断开检测仪的连接并关闭电源。

b. 如果在按下"测试"按钮时,检测仪发出"哔"声,则测试将由于探头上存在电压而被禁止。按住"测试"按钮开始测试,显示屏的下端位置将出现"测试"图标,直到释放"测试"按钮。主显示位置显示电阻读数,直到开始新的测试或者选择了不同功能或量程。当电阻超过最大显示量程时,测试仪显示">"符号,以及当前量程的最大电阻。

②绝缘测试时注意事项。

a.主显示位置显示"----"直到按测试按钮,此时将获得一个有效的绝缘电阻读数。

b.测试前如果电路中的电压超过 30 V(交流或直流)以上,在主显示位置显示电压超过 30 V 以上警告的同时,还会显示高压符号(Z)。在这种情况下,测试被禁止。在继续操作之前,先断开检测仪的连接并关闭电源。

c.开始测试后辅显示位置上显示被测电路上所施加的测试电压。主显示位置上显示高压符号(Z)并以 MΩ 或 GΩ 为单位显示电阻。显示屏的下端出现"测试"图标,直到释放测试按钮。

六、6S 检查

得分_____(评分规则:共 10 分)。

根据 6S 检查的完成情况填写表 1-4-4。

表 1-4-4 6S 检查的完成情况

6S 检查待完成步骤	完成情况	
	是	否
将蓄电池放置到蓄电池托盘适当位置(1分)		
检查设备是否完好(1分)		
清洁设备并归位(2分)		
整理实训工位(2分)		
整理实训工单(2分)		
职业习惯养成(2分)		

七、课后练习

得分_____(评分规则:每空 1 分,共 10 分)。

1.判断题

(1)手摇绝缘电阻表又称绝缘电阻表,它的刻度是以兆欧(MΩ)为单位的。（ ）

(2)数字绝缘电阻表受电池驱动,具有精度高、读数直观、操作方便、安全可靠、便于携带等优点。（ ）

(3)可以在雷电天气或在带高压导体的设备处使用绝缘电阻表测量。（ ）

(4)绝缘测试只能在不通电的电路上进行。（ ）

(5)Fluke 1508 绝缘检测仪,选择任意测量功能挡即可启动检测仪。（ ）

2.选择题(单选题)

(1)手摇电阻测试仪由一个摇柄、一个刻度盘和三个接线柱(　　)组成。

A.线路端、接地端、屏蔽端　　B.屏蔽端、接地端、线路端　　C.接地端、线路端、屏蔽端

(2)AC 代表_____、DC 代表_____。(　　)

A.直流、交流　　B.交流、直流　　C.高压、低压

(3)Fluke 1508 绝缘检测仪熔断器测试,如果显示屏读数是"FUSE",则表示保险丝(　　)。

A.已损坏　　B.完好　　C.不确定

(4)Fluke 1508 绝缘检测仪如果在按下"测试"按钮时,测试仪发出"哔"声,则测试将由于探头上存在(　　)而被禁止。

A.电流　　B.电功　　C.电压

(5)Fluke 1508 绝缘检测仪当电阻超过最大显示量程时,测试仪显示(　　)符号,以及当前量程的最大电阻。

A.>　　B.≥　　C.<

八、评分汇总

根据各项目得分情况,填写表 1-4-5。

表 1-4-5　评分汇总

项　目	得　分
课前资讯(10 分)	
任务实施(70 分)	
6S 检查(10 分)	
课后习题(10 分)	
总分(100 分)	

项目二

新能源汽车电路基础

学思课堂

> 党的二十大报告提出:"提高人民道德水准和文明素养"。同学们未来将直接从事生产服务第一线的工作,直接面对广大人民。良好的职业道德是获得职业提升的最基本道德素质:第一要爱岗敬业,明白在社会主义制度条件下,人民群众的工作只有分工不同,没有高低贵贱区分,大家只要干一行爱一行,就一定能够在专业领域实现自己的人生价值;第二要诚实守信,在职业活动中养成诚实劳动、合法经营、信守承诺、讲求信誉的道德品质;第三要有服务群众的意识,社会主义道德建设的核心是为人民服务,想群众之所想是同学们应该具备的基本职业道德素养。

任务一 新能源汽车电路的概念和组成

一、学习目标

(1)了解汽车电路的概念。
(2)了解汽车电路的组成。
(3)掌握低压蓄电池(荣威 e50)的拆装步骤。
(4)养成良好的新能源汽车维修职业素养。

二、课前资讯

课前预习,完成以下判断题。得分_____(评分规则:每空 2 分,共 10 分)。

(1)在新能源汽车上最高电压可达 500 V 以上。　　　　　　　　　　　　　　　(　)
(2)汽车电路中还有一种电源:电容,其主要为特殊要求的设备进行供电。　　(　)
(3)电路断电器不属于电路保护装置。　　　　　　　　　　　　　　　　　　(　)

(4)熔丝是电路的主要保护装置。　　　　　　　　　　　　　　　　　(　　)
(5)新能源汽车电源主要有动力电池、辅助电池、发电机。　　　　　　(　　)

三、任务导入

新能源电动汽车由多个独立的电路组成,其中包括高压动力电回路和低压电回路。在新能源汽车上最高电压可达 500 V 以上,这种电压和传统的汽车电气系统用电电压相比,足以对人体造成一定的伤害,因此作为新能源汽车的维修人员,必须掌握安全用电的基本常识及电学基础知识。电学基础知识主要包括电路的基本物理量、电路的状态、电路的类型等。

四、知识准备

(一)新能源汽车电路的概念及电路图

汽车电路即汽车用电设备的通路,根据用电设备的工作要求及相互之间的关系,用导线连接成电流的回路,并构成一个完整的供电系统。

汽车电路图就是采用国家、厂家标准规定的图形符号、文字符号和画法,对汽车电气系统的组成、工作原理及相互之间的关系、安装位置等作出图解说明的电气文件。因此,汽车电路图在汽车设计、制造、维修过程中是不可缺少的技术资料和工具,尤其在汽车维修中,更是能起到指导性作用,为故障的分析、排除提供便利。

现代汽车电路图的种类繁多,因车型不同存在一定差别,但仍可根据其特点和用途划分为接线图、线束图、原理框图和原理图等类型。

(二)新能源汽车电路的组成

新能源汽车电路一般由电源、用电设备、控制装置、保护装置等部分组成,并用导线连接起来形成工作回路。新能源汽车电路的组成如图 2-1-1 所示。

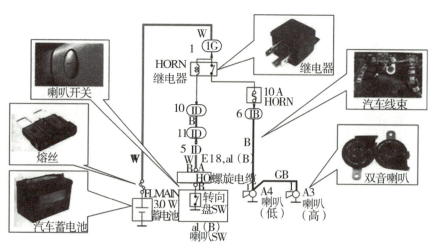

图 2-1-1　新能源汽车电路的组成

项目二 新能源汽车电路基础

1. 电源

电源的功能:为汽车电气设备提供电能,保证汽车的正常行驶和停车时电气设备的正常工作及待机。传统燃油汽车电源主要有蓄电池、发电机;新能源汽车电源主要有动力电池、辅助电池、发电机。汽车电源如图 2-1-2 所示。

图 2-1-2 汽车电源

汽车电路中还有一种电源:电容,如图 2-1-3 所示,其主要为特殊要求的设备进行供电。

图 2-1-3 电容

2. 用电设备

用电设备又称负载,包括电动机、电磁阀(线圈)、灯泡、仪表、各种电子控制元件(执行器及部分传感器)等。汽车负载及其在电路图中的符号如图 2-1-4 所示。

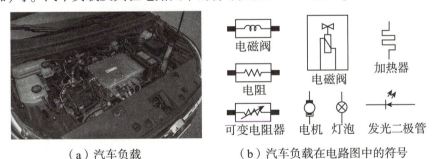

图 2-1-4 汽车负载及其在电路图中的符号

3. 控制装置

(1)控制装置包括传统的机械开关、压力开关、温控开关及继电器(见图 2-1-5)等,还包括电子控制器件。开关可直接控制用电设备,也可控制继电器,由继电器间接控制用电设备,开关控制电路和开关继电器控制电路如图 2-1-6 所示。

39

图 2-1-5 继电器

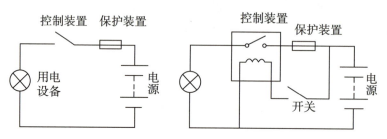

图 2-1-6 开关控制电路和开关继电器控制电路

（2）现代汽车还大量使用电子控制器件，如图 2-1-7 所示，包括简单的电子模块（如电子式电压调节器等）和微电脑形式的电子控制单元（如发动机电控单元、自动变速器电控单元等）。电子控制器件和传统开关在电路上的主要区别是：电子控制器件需要单独的工作电源并配用各种形式的传感器。

图 2-1-7 电子控制器件

4. 电路保护装置

电路保护装置主要有熔丝（俗称保险丝）、电路断电器及易熔线等。其功能是在电路中流过超过规定的电流时切断电路，防止烧坏电路连接线和用电设备，并把故障限制在最小范围内。保险丝符号及外形如图 2-1-8 所示。

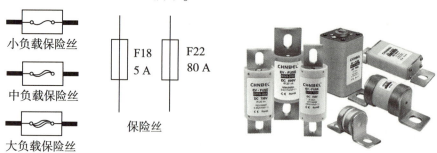

图 2-1-8 保险丝符号及外形

5.导线

汽车电气线路中的导线分低压线和高压线两种。低压线包括普通导线、起动电缆、搭铁电缆、屏蔽线;高压线包括铜芯线和阻尼线。汽车导线如图 2-1-9 所示。

导线用于将上述装置连接起来构成电路。此外,汽车通常用车体代替部分从用电器返回电源的导线,这种方法又叫负极搭铁。为防止横纵交叉与电路节点两者混淆,在绘制电路图时会尽量避免这种情况,但由于各电路错综复杂,不可避免地会出现横纵交叉的现象。为区分横纵交叉和电路连接的节点,在电路图中采用了两种不同的标注方式,标注方式如图 2-1-10 所示。

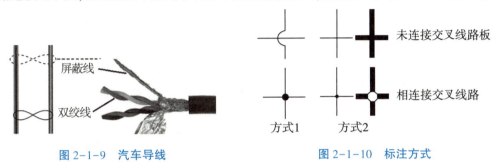

图 2-1-9　汽车导线　　　　　　图 2-1-10　标注方式

五、任务实施

1.实施要求

教学组织

分组实训:全班_____人,每_____人一组,分为_____组,使用_____套实训器材。

职责分工

教师职责:课堂纪律与安全管理、实训器材管理、指导与巡查。

学生职责:班长协助教师对班级进行全面管理与监控,学习委员负责器材管理和检查,团支书负责安全、纪律及素质评价,副班长负责搜集和反馈学生意见,实训小组长负责指导组内学习和交流。

6S 要求

安全、整理、整顿、清洁、清扫、素养。

2.实施准备

(1)防护装备:安全防护装备。

(2)车辆、台架、总成:北汽新能源 EV150 整车或台架,或其他车型整车或台架。

(3)专用工具、设备:绝缘拆装组合工具。

(4)手工工具:无。

(5)辅助材料:警示标示和设备、绝缘地胶、清洁剂。

3.实施步骤

蓄电池拆卸步骤如图 2-1-11 所示,根据此图,拆装荣威 e50 辅助蓄电池。

(1)拆卸。

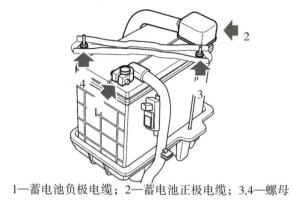

1—蓄电池负极电缆；2—蓄电池正极电缆；3,4—螺母

图 2-1-11　蓄电池拆卸步骤

①关闭点火钥匙,当车辆静置 5 min 以上时,才可进行拆卸作业。

注意:在正常情况下,在钥匙开关关闭后,高压系统还存在高压电,这是由于电动机控制器中高压电容的存在造成的。因此需要经过一段时间的等待,高压电容中的电能才能完全释放。

②断开蓄电池负极电缆 1。
③断开蓄电池正极电缆 2。
④拆下手动维修开关。
⑤略微松开固定于蓄电池压板上的螺母 3 和螺母 4。
⑥卸下螺母 3,取出蓄电池压板一端的同时,将螺母 3 拧回长螺栓。

注意:一旦取下将长螺栓固定于蓄电池压板的螺母,请及时拧上螺母,防止长螺栓滑落。

⑦卸下螺母 4,取出蓄电池压板另一端的同时,将螺母 4 拧回长螺栓。
⑧拆下蓄电池压板。
⑨取出蓄电池。

根据荣威 e50 辅助蓄电池拆卸完成情况,填写表 2-1-1。

得分_____(评分规则:每完成一项 5 分,共 45 分)。

表 2-1-1　荣威 e50 辅助蓄电池拆卸完成情况

拆卸步骤	是否完成	
	是	否
①关闭点火钥匙,车辆静置 5 min 以上		
②断开蓄电池负极电缆 1		
③断开蓄电池正极电缆 2		
④拆下手动维修开关		
⑤略微松开固定于蓄电池压板上的螺母 3 和螺母 4		
⑥卸下螺母 3,取出蓄电池压板一端的同时,将螺母 3 拧回长螺栓		
⑦卸下螺母 4,取出蓄电池压板另一端的同时,将螺母 4 拧回长螺栓		
⑧拆下蓄电池压板		
⑨取出蓄电池		

(2)安装。

①将蓄电池放置到蓄电池托盘适当位置。

②将蓄电池压板穿入固定在蓄电池托盘上的2根长螺栓。

③将2个螺母固定到长螺栓上,拧紧至7~10 N·m,并检查扭矩。

④安装手动维修开关。

⑤连接2根蓄电池电缆。先连接正极电缆,再连接负极电缆。

根据蓄电池安装步骤的完成情况,填写表2-1-2。

得分_____(评分规则:每完成一项5分,共25分)。

表2-1-2　蓄电池安装步骤的完成情况

拆卸步骤	是否完成	
	是	否
①将蓄电池放置到蓄电池托盘适当位置		
②将蓄电池压板穿入固定在蓄电池托盘上的2根长螺栓		
③将2个螺母固定到长螺栓上,拧紧至7~10 N·m,并检查扭矩		
④安装手动维修开关		
⑤连接2根蓄电池电缆。先连接正极电缆,再连接负极电缆		

4.注意事项

(1)警告:禁止未参加该车型高压系统知识培训的维修人员拆解高压系统(包括手动维修开关、高压电池包、驱动电动机、电力电子箱、高压配电单元、高压线束、电空调压缩机、交流充电口和交流充电线、快速充电口、电加热器、慢速充电器等)。

(2)警告:当拆解或装配高压配件时,必须断开12 V电源和高压电池包上的手动维修开关。

(3)警告:在开始维修作业前,维修人员必须穿戴好个人防护用品,戴好绝缘手套,穿好高压绝缘鞋。在戴绝缘手套前,必须检查绝缘手套是否有破损的地方,要确保手套无绝缘失效再进行工作。

(4)注意:在安装和拆卸的过程中,应防止制动液、洗涤液、冷却液等液体进入或飞溅到高压部件上。

(5)警告:在高压系统中,高压电池包、驱动电动机、电力电子箱、高压配电单元、电空调压缩机、慢速充电器、电加热器、交流充电口和交流充电线、快速充电口、高压线束全部安装(包括所有连接器的连接)完成之前,必须确保蓄电池的负极电缆始终处于断开状态,手动维修开关处于断开位置。

六、6S检查

得分_____(评分规则:共10分)。

根据6S检查的完成情况,填写表2-1-3。

表 2-1-3　6S 检查的完成情况

6S 检查待完成步骤	完成情况	
	是	否
将蓄电池放置到蓄电池托盘适当位置(1分)		
检查设备是否完好(1分)		
清洁设备并归位(2分)		
整理实训工位(2分)		
整理实训工单(2分)		
职业习惯养成(2分)		

七、课后练习

得分_____（评分规则：每空1分，共10分）。

1.判断题

(1) 传统燃油汽车电源主要有蓄电池、发电机。（　　）

(2) 汽车电路中还有一种电源：电容，其主要为特殊要求的设备进行供电。（　　）

(3) 控制装置包括传统的机械开关、压力开关、温控开关及继电器等，不包括电子控制器件。（　　）

(4) 电子控制器件和传统开关在电路上的主要区别是：电子控制器件需要单独的工作电源并配用各种形式的传感器。（　　）

(5) 蓄电池有两大缺点：一个是比能量低，所占的质量和体积太大，且一次充电行驶里程较短；另一个是使用寿命短，使用成本高。（　　）

2.选择题(单选)

(1) 新能源汽车电路一般由电源、(　　)、保护装置等部分组成，并用导线连接起来形成工作回路。

A.用电设备　　　　　　B.控制装置　　　　　　C.以上所有选项

(2) 电路保护装置主要有熔丝（俗称保险丝）、电路断电器及易熔线等。其功能是在电路中流过(　　)规定的电流时切断电路，防止烧坏电路连接线和用电设备，并把故障限制在最小范围内。

A.超过　　　　　　　　B.低于　　　　　　　　C.等于

(3) 当拆解或装配高压配件时，必须断开 12 V 电源和高压电池包上的(　　)。

A.正极电缆　　　　　　B.手动维修开关　　　　C.负极电缆

(4) ─▭─ 是(　　)保险丝。

A.大负载　　　　　　　B.中负载　　　　　　　C.小负载

(5) 电子控制器件和传统开关在电路上的主要区别是：电子控制器件需要单独的工作电源

并配用各种形式的( )。

A.电容元件　　　　　　　B.电感元件　　　　　　　C.传感器

八、评分汇总

根据各项目得分情况,填写表2-1-4。

表2-1-4　评分汇总

项　目	得　分
课前资讯(10分)	
任务实施(70分)	
6S检查(10分)	
课后习题(10分)	
总分(100分)	

任务二　欧姆定律

一、学习目标

(1)知道什么是电压、电阻、电流。
(2)理解欧姆定律与串并联电路特点。
(3)能够通过实训测量电阻电压、电阻电流,并正确地做出分析。
(4)正确规范地使用实训板,养成良好的新能源汽车维修职业素养。

二、课前资讯

课前预习,完成以下判断题。得分_____(评分规则:每空2分,共10分)。

(1)电阻的阻值反映的是电阻对电流阻碍能力的强弱。　　　　　　　　(　　)
(2)欧姆定律包括电路中电压、电流和电阻三者之间的关系。　　　　　(　　)
(3)欧姆定律规定电路中电流与电压成正比,与电阻成正比。　　　　　(　　)
(4)电路中即使没有电压也会产生电流。　　　　　　　　　　　　　　(　　)
(5)电阻的阻值是本身存在的,与有无电流通过没有关系。　　　　　　(　　)

三、任务导入

新能源汽车电路模块的数量繁多,而且模块内部的电路非常复杂,因此故障排查的难度大。要从事新能源汽车维修,要求维修人员学会利用欧姆定律来分析电路,并准确地判断电路故障原因。

四、知识准备

(一) 电阻

电阻是电路中最基本的电子元件,对电流的流动起阻碍作用。在相同的电压作用下,通过不同导体的电流大小不同,说明不同导体对电流的阻碍作用不同。电阻就是描述导体对电流阻碍作用的物理量,符号用 R 表示。电路图符号是"—▭—",电阻的国际单位是欧姆,简称欧,用 Ω 表示。此外,常用的电阻单位还有千欧($k\Omega$)、兆欧($M\Omega$),换算关系为

$$1\ k\Omega = 1\ 000\ \Omega = 10^3\ \Omega,\ 1\ M\Omega = 1\ 000\ k\Omega = 10^6\ \Omega$$

电阻实际上是导体的一种基本性质,与导体的尺寸、材料和温度有关。通常在电子产品中所说的电阻是指电阻器这种电阻元件。电阻器是电子电路中使用最多的元件之一,在电路中常用来控制电流和调节电压。电阻元件中有电流流过时要消耗电能,因此,电阻元件是耗能元件。

除固定电阻器外,常见的还有滑动变阻器,图形符号为"▭",其工作原理是通过移动滑片改变电路中接入电阻的大小。

(二) 电压

电流之所以能够在导线中流动,是因为在电路中有高电位和低电位之间的差别,这种差别叫电位差,也叫电压。换句话说,在电路中,任意两点之间的电位差称为这两点的电压,电压的概念如图 2-2-1 所示。电压的符号是 U,单位是伏特,简称伏,用符号 V 表示。常用的电压单位还有毫伏(mV)、千伏(kV),它们之间的换算关系为 $1\ kV = 10^3\ V = 10^6\ mV$。

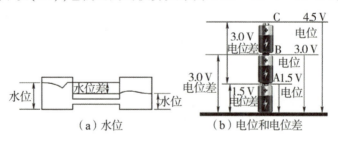

图 2-2-1 电压的概念

(三) 电流

导体中的自由电荷在电场力的作用下做有规则的定向运动就形成了电流。单位时间内通过导体任一横截面的电量叫作电流,通常用符号 I 或 i 表示。每秒通过导体的电子越多,电流越大。电流可用水流类比,水流和电流的形成如图 2-2-2 所示。电流的单位是安培,简称安,用符号 A 表示。常用的电流单位还有毫安(mA)和微安(μA),它们之间的换算关系为 $1\ A = 10^3\ mA = 10^6\ \mu A$。电流的方向是由正极到负极,与电子实际运动方向相反。

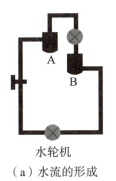 

（a）水流的形成　　　　（b）电流的形成

图 2-2-2　水流和电流的形成

(四) 欧姆定律

一定温度下,在同一电路中,导体中的电流与导体两端的电压成正比,与导体的电阻成反比,这就是部分电路欧姆定律。欧姆定律的表达公式:$I=U/R$,其中 I、U 和 R 分别是同一部分电路中同一时刻的电流强度、电压和电阻,单位分别是安培(A)、伏特(V)、欧姆(Ω)。

伏安法测电阻是根据欧姆定律的推导公式 $R=U/I$,测出待测电阻两端的电压和流过的电流,就可以求出导体的电阻。

(五) 串联电路的特点

串联电路是电路中各个元件被导线依次连接起来的电路,如图 2-2-3 所示,其特点是电路中电流大小处处相等,电流方向处处相同。在串联电路中,因为电流的路径只有一条,所以从电源正极流出的电流将依次逐个流过各个用电设备,最后回到电源负极。因此在串联电路中,如果有一个用电设备损坏或某一处断开,整个电路将变成断路,电路中就没有电流流动,所有用电设备都将停止工作。

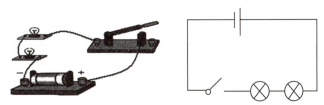

图 2-2-3　串联电路

(六) 并联电路的特点

如图 2-2-4 所示,并联电路是指在电路中,所有电阻(或其他电子元件)的输入端和输出端分别被连接在一起。其特点是电路的总电流等于各支路电流之和,而且并联电路中各支路两端电压相等。即从电源正极流出的电流分别流到各支路,每一支路都有电流流过,因此即使支路断开,其他支路仍会与干路构成回路。由此可见,在并联电路中,各个支路之间互不牵连,即使其中某一支路发生断路故障也不会影响其他支路用电设备的正常工作。

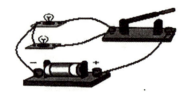 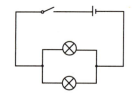

图 2-2-4 并联电路

五、任务实施

1.实施要求

教学组织

分组实训:全班_____人,每_____人一组,分为_____组,使用_____套实训器材。

职责分工

教师职责:课堂纪律与安全管理、实训器材管理、指导与巡查。

学生职责:班长协助教师对班级进行全面管理与监控,学习委员负责器材管理和检查,团支书负责安全、纪律及素质评价,副班长负责搜集和反馈学生意见,实训小组长负责指导组内学习和交流。

6S 要求

安全、整理、整顿、清洁、清扫、素养。

2.实施准备

(1)滑动变阻器。

(2)直流稳压电源。

(3)数字万用表。

(4)开关、导线。

(5)电阻元件。

3.实施步骤

得分_____(评分规则:正确搭建电路得10分)。

(1)按电路图搭建电路,电路图如图 2-2-5 所示。

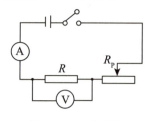

图 2-2-5 电路图

(2)探究在电阻值大小不变条件下电压与电流的关系。接通电源后,确认可调电阻调到最左侧,缓慢转动旋钮来控制电源电压的变化,记录电阻两端的电压值与相应的电流值,并根据欧姆定律计算出其电阻值。

得分_____(评分规则:每空 4 分,共 52 分)。

探究在电阻值大小不变的条件下,电压与电流的关系,填写表 2-2-1。使用万用表测量实际电阻值并填写在表 2-2-1 中。

表 2-2-1　电压与电流的关系

调节稳压电源电压值	电阻两端电压值	流经电流值	电阻值
2 V			
6 V			
8 V			
10 V			
由实验可知			

得分_____(评分规则:共 4 分)。

(3)根据实验数据绘制电阻特性图。

4.注意事项

连接电路前,确认电源开关处于断开状态。接线无误后,检查导线是否安装牢靠。

六、6S 检查

得分_____(评分规则:共 10 分)。

根据 6S 检查的完成情况,填写表 2-2-2。

表 2-2-2　6S 检查的完成情况

| 6S 检查待完成步骤 | 完成情况 | |
	是	否
关闭电源开关,拆除导线(1 分)		
检查设备是否完好(1 分)		
清洁设备并归位(2 分)		

6S检查待完成步骤	完成情况	
	是	否
整理实训工位(2分)		
整理实训工单(2分)		
职业习惯养成(2分)		

七、课后练习

得分_____(评分规则:每空1分,共10分)。

1.判断题

(1)串联电路的特点是电流处处相等。(　　)

(2)导体两端的电压为零时,其电阻也为零。(　　)

(3)并联电路中各支路的电流相等。(　　)

(4)正电荷定向移动的方向为电流方向。(　　)

(5)在电路中两点之间的电压等于两点之间的电位差。(　　)

2.选择题(单选)

(1)下列哪个符号表示的是电阻的单位?(　　)

A.Ω　　　　　　　B.V　　　　　　　C.A　　　　　　　D.kW

(2)欧姆定律可以表示为(　　)。

A.电流等于电压乘以电阻　　　　　　B.电压等于电流乘以电阻

C.电阻等于电流除以电压　　　　　　D.电压等于电流的二次方乘以电阻

(3)如果电阻两端的电压增加1倍,则流过电阻的电流会(　　)。

A.不变　　　　　B.增加1倍　　　　　C.减少一半　　　　　D.不确定

(4)使用万用表测量一条导线的电阻值,万用表显示无穷大,则表示导线(　　)。

A.断路　　　　　B.短路　　　　　C.正常　　　　　D.不确定

(5)在一个电路中,在40 Ω 电阻器两端施加20 V 的电压,则电流等于(　　)。

A.0.5 A　　　　　B.1 A　　　　　C.60 A　　　　　D.30 A

八、评分汇总

根据各项目得分情况,填写表2-2-3。

表2-2-3　评分汇总

项目	得分
课前资讯(10分)	

续表

项 目	得 分
任务实施(70分)	
6S 检查(10分)	
课后习题(10分)	
总分(100分)	

任务三 数字万用表的种类和使用方法

一、学习目标

(1)了解数字万用表的分类、特点与安全信息。
(2)掌握手持式数字万用表的结构和功能。
(3)掌握钳式数字万用表的结构和功能。
(4)正确规范仪表,养成良好的新能源汽车维修职业素养。

二、课前资讯

课前预习,完成以下判断题。得分_____(评分规则:每空2分,共10分)。
(1)与数字式万用表相比,模拟式万用表灵敏度高、准确度高、便于携带、使用简单。( )
(2)数字万用表按外形主要可以分为台式、手持式、钳式和笔式等类型。( )
(3)笔式万用表也叫袖珍万用表,多应用在电工领域和汽车电器维修领域。( )
(4)钳式万用表比普通万用表多一个表头,该表头是根据电流互感器的原理制成的。( )
(5)测电压时,必须把黑表笔插于COM孔,红表笔插于VΩ孔。( )

三、任务导入

万用表也称多用表,可分为指针型万用表和数字型万用表两类,它具有多种测量功能,操作简单且携带方便,已成为应用最广泛的电工电子测量仪表之一。对于广大家电维修、通信设备维修和汽车维修等从业人员,尤其是电工电子初学者和无线电爱好者,掌握万用表的使用方法和技巧,是快速判断元器件好坏、检测电气设备线路(或电路)是否正常的基础。当今,数字式万用表已成为主流,有取代模拟式万用表的趋势。与模拟式万用表相比,数字式万用表灵敏度高、准确度高、显示清晰、过载能力强、便于携带、使用简单。

四、知识准备

数字万用表根据模拟量与数字量之间的转换来完成测量,它能用数字把测量结果显示出来。数字万用表测量阻的误差比模拟万用表小,但用它测量阻值较小的电阻时,相对误差仍然比较大。数字万用电表的种类也很多,但面板布置大致相同,都有显示屏、电源开关、功能量程选择开关和表笔插孔(型号不同,插孔的作用有可能不同)。

(一)数字万用表的分类

1.按外形分类

数字万用表按外形主要可以分为手持式、台式、钳式和笔式四种类型,如图2-3-1所示。手持式万用表是目前最常用的万用表,广泛应用在电子电工、汽车电器维修的相关领域。台式万用表属于高精确度万用表,多应用在科研、制造、通信等专业性比较强的领域。钳式万用表也叫叉形万用表或卡式万用表,多应用在电工领域和汽车电器维修领域。笔式万用表也叫袖珍万用表,多应用在电工领域和汽车电器维修领域。

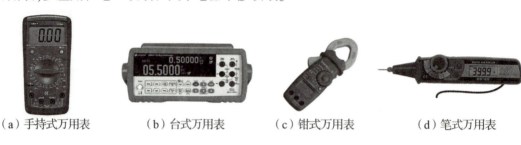

(a)手持式万用表　　(b)台式万用表　　(c)钳式万用表　　(d)笔式万用表

图2-3-1　数字万用表按外形分类

2.按功能量程选择方式分类

数字万用表按功能量程选择方式可以分为旋钮操作方式(手动、自动)和按钮操作方式两类,如图2-3-2所示。

(a)手动转换旋钮式　　(b)自动转换旋钮式　　(c)按钮式

图2-3-2　数字万用表按功能量程选择方式分类

3.数字万用表按测量功能分类

数字万用表按测量功能可分为普通型数字万用表和多功能型数字万用表两类。

(1)普通型数字万用表。

普通型数字万用表只能测量电阻、电压和电流,因此也叫三用表,且其电流挡可测量的电流强度较小。

(2)多功能型数字万用表。

早期的多功能型数字万用表仅增加了大电流测量、晶体管放大倍数测量等功能。后期的多功能型数字万用表又增加了通路/断路测量功能、电容测量功能、电源欠电压(电池电量不足)提示功能和自动延迟关机功能。部分新型多功能型数字万用表还设置了行电压、音频电平、温度、电感量和频率测量,以及红外信号检测(遥控器检测)等功能,此外,多功能型数字万用表的保护功能也越来越完善。

(二)数字万用表的特点与安全信息

1.数字万用表的特点

(1)采用数字化测量技术。

数字万用表采用数字化测量技术,通过模数转换器(Analog to Digital Converter,A/D)将被测的模拟量转换成数字量,最终以数字量输出。只要万用表不发生跳数现象,测量结果就是唯一的,既保证了读数的客观性与准确性,又符合人们的读数习惯,显示结果一目了然,它不会像模拟万用表那样,出现人为的测量误差。

(2)液晶显示器。

早期的数字万用表多采用字高 12.5 mm 的液晶显示器(Liquid Crystal Dispaly,LCD)。目前的数字万用表为提高显示清晰度,多采用字高 18 mm 的大尺寸 LCD,DT940C、DT960T、DT970、DT980 和 DT9205 型等数字万用表更是采用了字高 25 mm 的超大尺寸 LCD。新型数字万用表大多增加了功能标志符,如单位符号 mV、V、kV、μA、mA、A、Ω、kΩ、MΩ、nS、kHz、pF、nF、μF,测量项目符号 AC、DC、LOΩ、LO BAT(低电压符号)、H(读数保持符号)、AUTO(自动量程符号)、×10(10 倍乘符号)、•))(蜂鸣器符号)。

(3)测试功能多。

数字万用表的测试功能要比模拟万用表多,它不仅可以测量直流电压(DC V)、交流电压(AC V)、直流电流(DC A)、交流电流(AC A)、电阻(Ω)、PN 结导通压降(VF)和晶体管共发射极电流放大倍数(h_{FE}),还可以测量电容量(C)、电导(S)、温度(T)、频率(f)和线路通断,并具有低功率法测电阻挡(LOΩ)。

新型数字万用表除具有上述功能外,还有一些实用测试功能:自动关断电源(AUTO OFF POWER)、读数保持(HOLD)、逻辑测试(LOGIC)、真有效值测量(TRMS)、相对值测量(RELΔ)、液晶条图(LCD Bargraph)显示和峰值保持(PK HOLD)等。另外,部分数字万用表还能输出 50 Hz 方波信号,可用作低频信号源。

(4)测量范围宽。

目前,新型数字万用表的测量范围比模拟万用表更宽,如电阻挡(Ω)的测量范围为 0.01~20 MΩ(或 200 MΩ);直流电压挡(DC V)的测量范围为 0.2~1 000 V;交流电压挡(AC V)的测量范围为 0.01~700 V(或 750 V);频率挡(Hz)的测量范围为 10 Hz~20 kHz(或 200 kHz)。

(5)准确度高。

数字万用表的准确度(精度)远高于模拟万用表。因为数字万用表的准确度是测量结果中的系统误差与随机误差的综合,它表示测量结果与真值(标准值)的一致程度,能反映测量误差的大小。一般情况下,准确度越高,测量误差就越小。

(6) 分辨力高。

模拟万用表的分辨力是用其刻度最小分度(或按指针宽度和刻度宽度)来衡量的,而数字万用表的分辨力是其最低电压量程上末位所对应的电压值。

(7) 测量速率快。

每秒内对被测量的测量次数叫测量速率(也称取样速率),单位是"次/s"。它主要取决于数字万用表 A/D 转换器的转换速率。

(8) 输入阻抗很高。

数字万用表的输入阻抗指其处于工作状态下,表笔所接输入电路的等效阻抗。一般情况下,数字万用表的输入阻抗较大,保证在测量过程中,对被测电路的分流电流极小,不会影响被测电路(或信号源)的工作状态,以减小测量误差。

(9) 集成度高。

数字万用表均采用单片 A/D 转换器,外围电路比较简单,只需要少量辅助芯片及其他元器件。近年来,业界不断开发出单片数字万用表专用芯片,采用一块芯片就可构成功能较完善的自动量程式数字万用表。

(10) 微功耗。

数字万用表普遍采用 CMOS 大规模集成电路的 A/D 转换器,因此整机功耗极低。新型数字万用表的功耗仅为几十毫瓦,只需采用 9 V 叠层电池供电。

(11) 抗干扰能力强。

噪声干扰大致分两类,一类是串模干扰,干扰电压与被测信号串联加至万用表的输入端;另一类是共模干扰,干扰电压同时加于万用表的两个输入端。衡量仪表抗干扰能力的技术指标也有两个,即串模抑制比(Series Mode Rejection Ratio,SMRR)和共模抑制比(Common Mode Rejection Ratio,CMRR)。数字万用表的共模抑制比可达 86~120 dB。

(12) 过载能力强。

数字万用表具有较完善的保护电路,过载能力强,使用过程中只要不超过规定的极限值,即使误操作,例如用电阻挡去测量 220 V 交流电压,一般也不会损坏表内的大规模集成电路(A/D 转换器)。不过,使用时还应尽量避免误操作,以免因熔断器、功能/量程转换开关等元器件损坏而影响正常使用。

2. 数字万用表的安全信息

数字万用表上及文档中的标志如图 2-3-3 所示,它们表示为保证安全操作数字万用表而必须采取的预防措施。

项目二　新能源汽车电路基础

符号	含义	符号	含义
⎓	直流电（DC）	○	关（电源）
~	交流电（AC）	∣	关（电源）
≂	直流电和交流电两用	⚡	小心，有电击风险
3~	三相交流电	⚠	小心，危险
⏚	接地端	♨	小心，表面热
⏚	保护性导线端子	⊓	双稳按钮关闭
⏛	框架或机架端子	⊓	双稳按钮开启
▽	等电位	CAT Ⅲ 1000V	Ⅲ类1 000 V过电压保护
▢	设备由双重绝缘或加强绝缘保护	CAT Ⅳ 600V	Ⅵ类600 V过电压保护

图 2-3-3　数字万用表上及文档中的标志

五、任务实施

1. 实施要求

教学组织

分组实训：全班_____人，每_____人一组，分为_____组，使用_____套实训器材。

职责分工

教师职责：课堂纪律与安全管理、实训器材管理、指导与巡查。

学生职责：班长协助教师对班级进行全面管理与监控，学习委员负责器材管理和检查，团支书负责安全、纪律及素质评价，副班长负责搜集和反馈学生意见，实训小组长负责指导组内学习和交流。

6S 要求

安全、整理、整顿、清洁、清扫、素养。

2. 实施准备

（1）手持数字式万用表。

（2）钳式数字万用表。

（3）辅助资料：使用说明书。

3. 实施步骤

（1）探究数字万用表的结构。

手持式数字万用表的识别：手持式数字万用表主要由显示屏、电源开关、功能/量程选择开关（手动、自动、按钮）、输入插孔、晶体管插孔和数据保持键等部分组成。

①电源开关。

数字万用表设有电源开关（POWER）或关闭挡位（OFF），控制数字万用表的电源状态。按下它打开仪表的电源，待显示屏显示的数字稳定后再进行测量，测量完毕马上关掉电源（即再

55

按一次 POWER 或选择开关在关闭挡位 OFF)以免浪费电能。

②数字万用表液晶显示屏。

若显示屏上出现"⊟"符号,则表示数字万用表内的 9 V 电池电量低,如图 2-3-4 所示。此表在低电压下工作,读数可能出错,为避免错误的读数造成错觉而导致电击伤害,显示低电压符号时应及时更换电池。

当被测量超过最大显示值时,显示屏显示数字"1."如图 2-3-5 所示,表示过量程或溢出,此时应更换更高量程进行测量。在测量电阻时,若表笔开路,则显示屏也会显示过量程符号"1."。在测量二极管反向状态时也会显示过量程符号"1.",表示反向电阻很高。因此,测量时应注意区分,不能混淆。数量单位参见量程选择开关上的标注。

图 2-3-4　显示屏上出现"⊟"符号

图 2-3-5　显示屏显示数字"1."

③功能/量程选择开关。

数字万用表设有电源开关(POWER)或关闭挡位(OFF),控制数字万用表的电源状态。按下它打开仪表的电源,待显示屏显示的数字稳定后再进行测量,测量完毕马上关掉电源(即再按一次 POWER 或选择开关在关闭挡位 OFF)以免浪费电能。

直流电压挡:它可以测量 0~1 000 V 的直流电压(DC V),分 200 mV、2 V、20 V、200 V、1 000 V 五挡,挡位数字指最大能测量的电压值(量程),测量时不能超过此值。

交流电压挡:它可以测量 0~700 V 的交流电压(AC V),分 200 mV、2 V、20 V、200 V、700 V 五挡,挡位数字指最大能测量的电压值(量程),测量时不能超过此值。

直流电流挡:它可以测量 0~10 A 的直流电流(DC A),分 2 mA、20 mA、200 mA、10 A 四挡,挡位数字指最大能测量的电流值(量程),测量时不能超过此值。

交流电流挡:它可以测量 0~10 A 的交流电流(AC A),分 2 mA、200 mA、10 A 三挡,挡位数字指最大能测量的电流值(量程),测量时不能超过此值。

电阻挡:它可以测量 0~200 MΩ 的电阻值(Ω),分 200 Ω、2 kΩ、20 kΩ、200 kΩ、2 MΩ、20 MΩ、200 MΩ 七挡,挡位数字指不能超过的电阻测量值(量程)。

晶体二极管及蜂鸣挡:它可以测量晶体二极管的导通电压值(直流电压降),正向接通时,若显示器显示"000",则表示二极管短路;若显示"1.",则表示二极管开路;若显示的数字在 200~800 范围内,则表明二极管正常。

电容挡:它可以测量 0~20 μF 的电容值(F),分 2 nF、20 nF、200 nF、2 μF、20 μF 五挡,挡位数字指最大能测量的电容值(量程),测量时不能超过此值。

④插孔。

使用数字万用表测量时,需要将测量表笔插入到对应的插孔中,如图 2-3-6 所示。

说明:"COM"插孔是接地或"—"插孔,一般情况下黑色表笔插入该插孔中。"VΩ"插孔是测量电压、电阻、二极管和电容 CAP 挡的插孔,通常红色表笔插入该插孔中。ΔCAT Ⅱ 1000V用来警告输入电压不能超过 1 000 V 指定极限值,否则会造成仪表损坏。"mA"插孔是测量电流的插孔,一般情况下红色表笔插入该插孔中。FUSED MAX 200mA 表示输入的测量电流最大值不能超过 200mA。"10A"插孔是测量 10 A 大电流的插孔,一般情况下红色表笔插入该插孔中。FUSED MAX 10A 表示输入的测量电流最大值不能超过 10 A。

⑤数据保持(HOLD)键。

在测量过程中,若看不清显示器,无法读数,则可以锁定显示。H 为锁定显示读数保持开关,如图 2-3-7 所示。按下它后,仪表显示器上的显示值将被锁定,同时显示"H"符号,再按一次可解除读数保持状态。

图 2-3-6 插孔　　　　　　　　图 2-3-7 数据保持(HOLD)键

钳式数字万用表:钳式万用表比普通万用表多一个表头,该表头是根据电流互感器的原理制成的,利用互感器产生的感应电流通过万用表读出,专用于测量交直流电流。其余按键功能和手持式数字万用表一样。钳式数字万用表如图 2-3-8 所示。

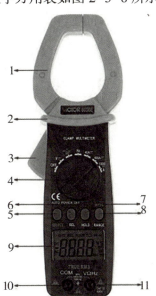

图 2-3-8 钳式数字万用表

探究数字万用表的结构,填写表 2-3-1。

得分_____(评分规则:每完成一项 2.5 分,共 55 分)。

表 2-3-1　探究数字万用表的结构

操作面板	名　称	作　用
1		
2		
3		
4		
5		
6		
7		
8		
9		
10		
11		

(2)探究数字万用表的使用方法。

①手持式数字万用表的使用：

a.使用前的准备。

将万用表 ON-OFF 开关置于 ON 位,检查 9 V 电池,如果电池电压不足,或显示器上显示"BAT",则应更换电池;若无以上问题则按以下步骤进行。

测试前,功能/量程开关应置于所需量程,同时注意指针的位置。同时要特别注意的是,测量过程中,若需要换挡或换插针位置,必须将两支表笔从测量物体上移开,再进行操作。请注意表笔插孔旁的警告符号,测试电压和电流不要超过其指示数字。使用数字万用表测量前,确保将功能/量程开关置于相应挡位,否则可能会损坏万用表。

b.电压挡的使用。

使用万用表测电压时,必须把黑表笔插于 COM 孔,红表笔插于 VΩ 孔。万用表始终与用电器元件或电压电源并联在一起。

万用表的内阻(固有电阻)越高越好,以尽可能减少万用表对待测电压的影响。

若测直流电压,则将指针转到直流电压挡。将功能/量程开关置于直流电压量程范围,将表笔接在被测负载或信号源上。显示屏在显示电压读数时,红表笔所接端的极性也会同时显示出来。

若测交流电压,则将指针转到交流电压挡。将功能/量程开关置于交流电压量程范围,将表笔接在被测负载或信号源上。

如果不知道被测电压范围,则将功能/量程开关置于大量程,并逐渐降低量程(不能在测量中改变量程)。

说明:如果显示"1",则表示过量程,功能/量程开关应置于更高的量程。"!"表示不要输入高于万用表要求的电压,显示更高的电压值是可能的,但有损坏内部线路的危险。

c.电阻挡的使用。

将万用表指针转到电阻挡,黑表笔插于 COM 孔,红表笔插于 VΩ 孔,再对被测电阻进行测量。

说明:如果被测电阻的阻值超出所选量程的最大值,将显示"1",应选择更高的量程。对于大于 1 MΩ 或更高阻值的电阻,要几秒后读数才能稳定,对于高阻值电阻这是正常的。

当无输入时,如开路情况,显示为"1"。检查内部线路阻抗时,要保证被测线路所有电源断电,所有电容放电。

d.电流挡的使用。

万用表电流挡分为交流挡与直流挡。测量电流时,必须将万用表指针转到相应的挡位上。测量电流时,若使用 mA 挡进行测量,则应把万用表黑表笔插入 COM 孔,把红表笔插入 mA 挡。将功能/量程开关置于量程范围,测试笔串入被测电路中,在显示电流读数时,红表笔所接端的极性也会同时显示出来。万用表作为电流表使用时,将功能/量程开关置于电流挡,根据信号选择交直流,并将表笔串联接入到待测负载回路里。

若使用 10A 挡进行测量,则黑表笔不变,仍插在 COM 孔中,把红表笔拔出后插到 10A 孔中。将功能/量程开关置于量程范围,测试表笔串入被测电路中。

说明:如果使用前不知道被测电流强度范围,则将功能/量程开关置于最大量程并逐渐降低量程(不能在测量中改变量程)。如果显示器只显示"1",则表示过量程,功能开关应置于更高量程。

e.二极管挡的使用。

将万用表指针转到二极管挡,黑表笔插入 COM 孔,红表笔插入 VΩ 孔。此挡除可测量二极管外,还可测量晶体管、编码开关等。

f.电容挡的使用。

将万用表指针转到电容挡(F 挡),将功能/量程开关置于量程范围。在数字万用表的左下方有两个孔,孔上标有 Cx,把需要测的电容元件插到里面即可测量,有极性的电容要注意正负极。

g.晶体管挡的使用。

万用表中挡位主要用于测晶体管的放大倍数 β 值。测量之前,需确定晶体管是 PNP 型还是 NPN 型,同时确定各端子极性。

②钳式数字万用表的使用。

钳式数字万用表可用来测量直流电压、交流电压、直流电流、交流电流、电阻、电容、频率和二极管等。电压、电阻、电容、二极管等的测量方法和手持式数字万用表类似,在此不再赘述。以下主要讲解交流电流和直流电流的测量方法。将功能/量程选择开关转到"40A"或更高量程挡位。交直流电流量程如图 2-3-9 所示。

按 SELECT 键选择交流电流或直流电流测量模式,交直流模式切换如图 2-3-10 所示。在靠近电磁场的位置使用,可能导致显示不稳定或显示不正确的读数。

测量直流电流前先按 REL 键清零,交流电流不用清零。按住钳头扳机打开钳头,用钳头夹取待测导体,然后缓慢放开扳机,直到钳头完全闭合。确定待测导体是否被夹在钳头的中央,未置于钳头中央会产生附加误差,直流电流测量如图 2-3-11 所示。

图 2-3-9　交直流电流量程

图 2-3-10　交直流模式切换

图 2-3-11　直流电流测量

根据手持式数字万用表使用情况,填写表 2-3-2。

得分_____(评分规则:每完成一项 3 分,共 15 分)。

表 2-3-2　手持式数字万用表的使用情况

手持式数字万用表的使用	红表笔的插孔	黑表笔的插孔	显示屏显示"1"的原因
电压挡	VΩ 孔	COM 孔	
电阻挡	VΩ 孔	COM 孔	
电流挡			

4.注意事项

(1)当测量高压时,应特别注意避免触电。

(2)数字万用表电压挡的内阻很大,至少在兆欧级,对被测电路影响很小。但极高的输出阻抗使其易受感应电压的影响,在一些电磁干扰比较强的场合测出的数据可能是虚的。要注意避免外界磁场对万用表的影响(例如有大功率用电器件在使用)。

(3)在使用万用表的过程中,不能用手接触表笔的金属部分,这样一方面可以保证测量的准确性,另一方面可以保证人身安全。

六、6S 检查

得分_____(评分规则:共 10 分)。

根据 6S 检查的完成情况,填写表 2-3-3。

表 2-3-3　6S 检查的完成情况

6S 检查待完成步骤	完成情况	
	是	否
将万用表关掉电源(1分)		
检查设备是否完好(1分)		
清洁设备并归位(2分)		
整理实训工位(2分)		
整理实训工单(2分)		
职业习惯养成(2分)		

七、课后练习

得分_____（评分规则：每空 1 分，共 10 分）。

1.判断题

(1)数字万用表按外形主要可以分为手持式、台式、钳式和笔式等类型。（　　）

(2)钳式万用表也叫袖珍万用表,多应用在电工领域和汽车电器维修领域。（　　）

(3)钳式万用表比普通万用表多一个表头,该表头是根据电流互感器的原理制成的。（　　）

(4)测电压时,必须把黑表笔插于 COM 孔,红表笔插于 VΩ 孔。（　　）

(5)手持式万用表检查内部线路阻抗时,要保证被测线路所有电源断电,所有电容放电。
（　　）

2.选择题(单选)

(1)数字万用表可以测量流过电阻的_____、电阻两端的_____及电阻值。（　　）

A.电流　电压　　　　B.电压　电流　　　　C.电阻　电压　　　　D.电阻　电流

(2)万用表种类有(　　)和数字式万用表,当前使用最多的是数字万用表。

A.电感万用表　　　　B.电压万用表　　　　C.电流万用表　　　　D.指针式万用表

(3)下列不属于数字万用表特点的是(　　)。

A.输入阻抗高

B.刻度不均匀

C.保护功能齐全

D.数字式万用表还具有功耗低、抗干扰能力强等特点

(4)下列关于数字万用表测电压方法说法不正确的是(　　)。

A.黑表笔插进 COM 孔,红表笔插进 VΩ 孔

B.旋转开关应选择比估计值大的量程

C.旋转开关位于"V-"表示直流电压挡,位于"V~"表示交流电压挡

D.表笔接被测元件两端(串联)

(5)下列关于数字万用表测电流方法说法正确的是(　　)。

A.黑表笔插入 COM 孔

B.若测量大于 200 mA 的电流,则要将红表笔插入 10 A 插孔,并将旋钮打到直流 10 A 挡

C.若测量小于 200 mA 的电流,则将红表笔插入 200 mA 插孔,将旋钮打到直流 200 mA 以内的合适量程

D.测量时,表笔并联在电路中

八、评分汇总

根据各项目得分情况,填写表 2-3-4。

表 2-3-4　评分汇总

项　目	得　分
课前资讯(10 分)	
任务实施(70 分)	
6S 检查(10 分)	
课后习题(10 分)	
总分(100 分)	

项目三
新能源汽车电力电子元器件

学思课堂

> 党的二十大报告提出:"广大青年要坚定不移听党话、跟党走。怀抱梦想又脚踏实地,敢想敢为又善作善成"。对于同学们来讲,有无理想信念,以及具有什么样的理想信念,决定了我们的人生是高尚充实,还是庸俗空虚。作为新时代的青年,我们肩负着祖国和民族的希望,同时更承载着家庭和亲人的嘱托。在人生的成长道路上,一定不是只有成功与鲜花,一定也会有挫折和失败,而理想信念就是在逆境中奋起、在困难中磨炼、在挫折中成长的强大精神支柱。同学们要坚定为人民服务的理想信念,明确伟大出自平凡,真正做到以"为人民服务"为荣,在平凡的岗位上实现伟大。

任务一 超级电容原理与应用

一、学习目标

(1) 能够描述电容的作用。
(2) 了解电容与超级电容的区别。
(3) 理解超级电容的基本结构与工作原理。
(4) 正确规范地使用实训器材,养成良好的新能源汽车维修职业素养。

二、课前资讯

课前预习,完成以下判断题。得分_____(评分规则:每空2分,共10分)。

(1) 超级电容的作用跟蓄电池类似。 ( )
(2) 超级电容的电容量非常小。 ( )
(3) 超级电容的充放电速度非常快。 ( )

（4）超级电容的制造成本比普通的锂电池的成本高。（　　）
（5）超级电容与普通电容的结构和材料一样。（　　）

三、任务导入

超级电容是发展比较迅速的一种新型储能装置,广泛应用在新能源汽车制动能量回收系统中。新能源汽车在制动或减速的过程中,通过发电机将汽车动能转换成电能,并储存在超级电容内。汽车重新起步或加速时,超级电容和动力蓄电池同时对电动机供电。

四、知识准备

（一）电容的认知

电容是电容器的简称,是电子电力领域中不可缺少的电子元件,主要用于电源滤波、信号滤波、信号耦合、谐振、隔直流等电路中。电容最常见的结构就是两块平行金属板,电容的结构如图3-1-1所示。

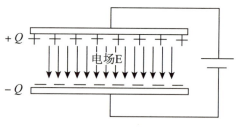

图3-1-1　电容的结构

两块金属板（一般称为极板）之间不导通,极板之间的绝缘材料可以是气体、油等绝缘物。同时,电容也是表征电容器储存电荷能力的物理量,一般记为 C,国际单位是法拉（F）。如果一个电容器储存1 C的电荷量时,两极板间的电势差是1 V,则这个电容大小为1 F,即 $C=Q/U$。电容的大小不是由 Q（带电量）或 U（电压）决定的,它与电容极板的面积 S、极板间距 d 和极板间的绝缘介质有关。一般来说,极板面积越大,极板间距越小和极板间介质绝缘性越好,则电容越大。常见的平行板电容器,电容的计算公式为 $C=\varepsilon S/d$,ε 为极板间介质的介电常数,S 为极板面积,d 为极板间的距离。

（二）电容的充放电过程

（1）充电过程:电容与直流电源相接,电容充电电路如图3-1-2所示。电路中有电流流动,两块极板分别获得数量相等、正负相反的电荷量。电容充电过程中,其两端的电压 U 逐渐增大。一旦电容两端电压 U_C 与电源电压 U 相等,说明充电完成,此时电路中的电流停止流动,电路可视为开路。

（2）放电过程:电容与电源断开,并连接到电阻 R_D,电容通过电阻 R_D 进行放电,两块极板之间的电压将会逐渐下降为零,$U_C=0$,电容放电电路如图3-1-3所示。

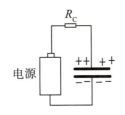 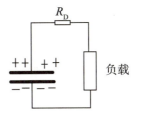

图 3-1-2　电容充电电路　　　　图 3-1-3　电容放电电路

在图 3-1-2 和图 3-1-3 中，R_C 和 R_D 的电阻值分别影响电容的充电和放电速度，这是因为电阻控制了充放电流的大小。电阻值 R 和电容值 C 的乘积称为时间常数 τ，这个常数描述电容的充电和放电速度。电容值或电阻值越小，电容的充电和放电速度就越快，反之亦然。电容充电放电的曲线如图 3-1-4 所示。

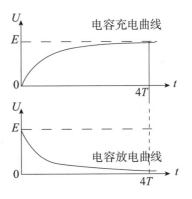

图 3-1-4　电容充放电的曲线

（三）超级电容的结构原理

超级电容是介于电容器和电池之间的储能器件，它既具有电容器可以快速充放电的特点，又具有电池的储能特性。超级电容又名电化学电容、双电层电容、黄金电容、法拉电容，是从 20 世纪七八十年代发展起来的通过极化电解质来储能的一种电化学元件。通过外加电场极化电解质，使电解质中荷电离子分别在带有相反电荷的电极表面形成双电层，从而实现储能。其储能过程是物理过程，没有化学反应，且过程完全可逆，这与蓄电池电化学储能过程不同。正因为如此，超级电容才可以反复充放电数十万次。

超级电容的结构如图 3-1-5 所示，由多孔电极材料、集流体、多孔性电池隔膜及电解液组成，全超级电容接通电源后，在电场力的作用下，吸引电解液中的阴离子向正极聚集，同时正极电解液中的阳离子向负极聚集，各自在正负极板上形成间隔非常小的离子层。放电时，正负离子离开固体电极的表面，返回电解液本体。

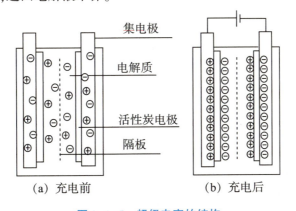

图 3-1-5　超级电容的结构

(四)超级电容与一般电容的区别

电容器是一种储存电荷的"容器",需要在外加电压的作用下才能储存电荷。不同的电容器在相同的电压作用下,储存的电荷量可能不相同。首先,超级电容的电容大,储存电荷的能力大,都以法拉(F)为单位。其次,超级电容的充电速度快,充电 10 s~10 min 可达到其额定容量的 95% 以上。然后,循环使用寿命长,深度充放电循环使用次数可达数万次,没有"记忆效应"。最后,大电流放电能力超强,能量转换效率高,过程损失小,大电流能量循环效率大于或等于 90%。

(五)超级电容在新能源汽车上的应用

超级电容充电快、耐充电、能量转换效率高,同时存在自放电的特性,完全可以作为新能源汽车的储能装置。其中宇通、金龙、金旅、海格、中车等知名企业纷纷将超级电容成功应用于新能源客车。

超级电容作为电动汽车和混合动力汽车的动力电源,可以单独使用或将其与蓄电池联合使用。这样,超级电容在用作电动汽车的短时驱动电源时,可以在汽车起动和爬坡时快速提供大电流,从而获得大功率以提供强大的动力。

在新能源客车领域,超级电容最为广泛的应用是城市混合动力客车制动能量回收系统。由超级电容模块组成的制动能量回收系统能够吸收并存储车辆在制动时产生的全部动能,当客车起动或加速时将这些能量释放出来,从而使车辆节省油耗,减少排放。

超级电容电池充电速度更快,工作效率高,能量比高,循环使用寿命长,深层次充放电循环应用频次可达 1~500 000 次,没有"记忆效应",原材料结构天然无污染,生产的废物垃圾不会形成有害物体,是一款十分理想的绿色环保电池。超级电容同样存在一些缺点:一是安全性,过快的放电速度和过低的内阻,如果设计不好的话,本身就蕴含着"能量突然大爆发"所带来的隐藏安全风险;二是较低的工作电压,制约了它在驱动汽车上的应用;三是配制成本高,技术生产制造也很难承受;四是能量密度过低,远远比不上磷酸铁锂电池。但是随着技术的进步,这些问题都有望得到解决。

五、任务实施

1. 实施要求

教学组织

分组实训:全班_____人,每_____人一组,分为_____组,使用_____套实训器材。

职责分工

教师职责:课堂纪律与安全管理、实训器材管理、指导与巡查。

学生职责:班长协助教师对班级进行全面管理与监控,学习委员负责器材管理和检查,团支书负责安全、纪律及素质评价,副班长负责搜集和反馈学生意见,实训小组长负责指导组内学习和交流。

6S 要求

安全、整理、整顿、清洁、清扫、素养。

2.实施准备

(1)超级电容 4.0 F/5.5 V。

(2)直流稳压器电源。

(3)电压表、电流表。

(4)导线。

(5)直流电动机。

3.实施步骤

(1)探究超级电容充电过程中,在充电电压不变的条件下,超级电容两端电压与流经电流的关系。S_1 接到充电挡位,接通电源瞬时开始计时,记录不同时刻电压表与电流的数值。如实填写表 3-1-1。

得分_____(评分规则:每项 2 分,共 32 分)。

表 3-1-1　在充电电压不变的条件下,超级电容两端电压与流经电流的关系

时间	电压值	电流值
0 s		
5 s		
10 s		
20 s		
25 s		
30 s		
40 s		
60 s		

电路图如图 3-1-6 所示,在超级电容充电过程中,电流的流动方向:电源正极、二极管、超级电容、电流表、电源负极。

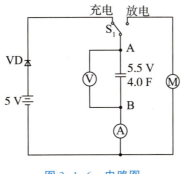

图 3-1-6　电路图

得分 _____(评分规则:共 7 分)。

(2)根据数据所得绘制充电过程中超级电容的特性图。

(3)探究超级电容放电过程中,超级电容两端电压与电流关系,S_1 接通放电挡位的瞬间开始计时,并记录不同时刻电压表与电流表的数值,填写表 3-1-2。

得分 _____(评分规则:每项 2 分,共 24 分)。

表 3-1-2　探究超级电容放电过程中,超级电容两端电压与电流关系

时间	电压值	电流值
0 s		
5 s		
10 s		
20 s		
25 s		
30 s		
40 s		
50 s		
60 s		
2 min		
4 min		
6 min		

超级电容放电过程中,电流的流动方向:超级电容正极、电动机、电流表、超级电容负极。

得分 _____(评分规则:共 7 分)。

根据数据所得绘制放电过程中超级电容的特性图。

4.注意事项

(1)连接电路前,确定电源开关处于断开状态。接线无误后,检查导线是否安装牢靠。
(2)分清楚超级电容正负极。

六、6S 检查

得分_____(评分规则:共 10 分)。

根据 6S 检查的完成情况填写表 3-1-3,6S 检查由各组小组长根据学生的具体实操情况进行评分,由班长和教师监督。

表 3-1-3　6S 检查的完成情况

6S 检查待完成步骤	完成情况	
	是	否
清点实训设备(1分)		
检查设备是否完好(1分)		
清洁设备并归位(2分)		
整理实训工位(2分)		
整理实训工单(2分)		
职业习惯养成(2分)		

七、课后练习

得分_____(评分规则:每空 1 分,共 10 分)。

1.判断题

(1)超级电容的电容量非常大。　　　　　　　　　　　　　　　　　　　(　　)
(2)电容器是一种储存电荷的"容器",需要在外加电压的作用下才能储存电荷。(　　)
(3)超级电容电池充电速度更快。　　　　　　　　　　　　　　　　　　(　　)
(4)超级电容没有"记忆效应"。　　　　　　　　　　　　　　　　　　　(　　)
(5)超级电容的优点是工作电压高。　　　　　　　　　　　　　　　　　(　　)

2.选择题(单选)

(1)电容的单位是(　　)。

　　A.F　　　　　　　　　　B.G　　　　　　　　　　C.P

(2)充电过程:电容与直流电源相接,电路中有电流流动,两块极板分别获得数量_____、正负_____的电荷量(　　)。

　　A.相等、相反　　　　　B.相反、相等　　　　　C.相等、相同

(3)下列不属于超级电容特点的是(　　)。

　　A.充电速度更快、工作效率高　　B.能量比高、循环使用寿命长　　C.工作电压高

(4)超级电容大电流放电能力超强,能量转换效率高,过程损失小,大电流能量循环效率(   )。

　　A.≥90%　　　　　　　　B.≥70%　　　　　　　　C.≥60%

(5)超级电容其储能过程是物理过程,没有化学反应,且过程完全(   ),这与蓄电池电化学储能过程不同。

　　A.可逆　　　　　　　　B.不可逆　　　　　　　　C.不确定

八、评分汇总

根据各项目得分情况,填写表3-1-4。

表3-1-4　评分汇总

项　目	得　分
课前资讯(10分)	
任务实施(70分)	
6S检查(10分)	
课后习题(10分)	
总分(100分)	

任务二　线圈基本原理与应用

一、任务目标

(1)了解什么是线圈。
(2)掌握电生磁与磁生电的基本原理。
(3)理解变压器的组成和工作原理。
(4)能够使用电压表测量无线充电系统,做出正确的分析。
(5)正确规范地使用实训器材,养成良好的新能源汽车维修职业素养。

二、课前资讯

课前预习,完成以下判断题。得分_____(评分规则:每空2分,共10分)。

(1)电感线圈通电后具有电磁感应效应。　　　　　　　　　　　　　　　　(　　)
(2)变压器是由两个线圈分别绕在铁芯上组成的。　　　　　　　　　　　　(　　)
(3)线圈的电感用 L 表示。　　　　　　　　　　　　　　　　　　　　　　(　　)
(4)无线充电系统是利用电磁感应原理制成的。　　　　　　　　　　　　　(　　)
(5)电感线圈具有阻碍直流电流通过的作用。　　　　　　　　　　　　　　(　　)

三、任务导入

对于新能源汽车而言,传统的充电方式是使用车载发电机,利用线圈组把 220 V 交流电升成高压电后对电池充电。随着新能源汽车的推广,汽车无线充电系统逐渐得到应用。无线充电主要是利用线圈的电磁感应。

四、知识准备

(一)电磁感应定律

1.线圈的认知

线圈是由导线一圈又一圈地绕在绝缘管上,导线彼此互相绝缘,而绝缘管可以是空心的,也可以包含铁芯或磁粉芯,线圈实物如图 3-2-1 所示,其可应用于电磁铁、变压器、电动机等。

线圈的电感用 L 表示,单位有亨利(H)、毫亨利(mH)、微亨利(μH),1 H = 10^3 mH = 10^6 μH。

电感线圈是利用电磁感应的原理进行工作的器件。当有电流流过一根导线时,就会在这根导线的周围产生一定的电磁场,而这个电磁场的导线本身又会对处在这个电磁场范围内的导线发生感应作用。对产生电磁场的导线本身发生的作用,叫作"自感",即导线自己产生的变化电流所产生的变化磁场,这个磁场又进一步影响了导线中的电流,对处在这个电磁场范围的其他导线产生的作用,叫作"互感"。

电感线圈的电特性:"通低频,阻高频"。高频信号通过电感线圈时会遇到很大的阻力,很难通过;而低频信号通过它时,所呈现的阻力则比较小,即低频信号可以较容易地通过它。电感线圈对直流电的阻碍几乎为零。

图 3-2-1 线圈实物

2.电生磁现象

1820 年,丹麦物理学家奥斯特用实验证实:通电导体的周围存在着磁场。电生磁就是在一条直的金属导线通过电流时,在导线周围的空间产生圆形磁场,导体通电产生磁场如图 3-2-2 所示。导线中流过的电流越大,产生的磁场越强。磁场呈圆形,围绕在导线周围。如果将一条长长的金属导线在一个空心筒上沿一个方向缠绕起来,形成的物体称为螺线管。通电以后,螺线管的每一匝都会产生磁场,磁场的方向按"安培定则"确定,线圈通电产生磁场如图 3-2-3 所示,让大拇指与其余四指垂直,用右手握住通电螺线管,让四指指向电流的方向,则大拇指所指的那一端是通电螺线管的 N 极。那么,在相邻的两匝之间的位置,由于磁场方向相反,总的磁场相抵消;而在螺线管内部和外部,每一匝线圈产生的磁场互相叠加起来,最终形成磁场形状。也可以看出,在螺线管外部的磁场形状和一块磁铁产生的磁场形状是相同的。而螺线管内部的磁场刚好与外部的磁场组成闭合的磁感线。在通电螺线管内部插入铁芯后,磁感线集中在铁芯附近,从而使螺线管的磁场大大增强。

图 3-2-2　导体通电产生磁场　　　　　图 3-2-3　线圈通电产生磁场

3.磁生电现象

法拉第电磁感应定律是基于其在 1831 年 8 月所做的实验。法拉第在软铁环两侧分别绕两个线圈,组成闭合回路,在导线下端附近平行放置一磁针,然后与电池组相连,接上开关,形成有电源的闭合回路。实验发现:合上开关,磁针偏转;切断开关,磁针反向偏转,这表明在无电池组的线圈中出现了感应电流。法拉第立即意识到,这是一种非恒定的暂态效应。紧接着他做了几十个实验,把产生感应电流的情形概括为 5 类:变化的电流、变化的磁场、运动的恒定电流、运动的磁铁、在磁场中运动的导体,并把这些现象正式定名为电磁感应。进而,法拉第发现,在相同条件下,不同金属导体回路中产生的感应电流与导体的导电能力成正比,他由此认识到,感应电流是由与导体性质无关的感应电动势产生的,即使没有回路,也没有感应电流,感应电动势依然存在。后来,确定感应电流方向的楞次定律及描述电磁感应定量规律的法拉第电磁感应定律被发现。

磁生电现象如图 3-2-4 所示。当向线圈中插入或拔出磁铁时,电流表的指针偏转,表明电路中产生了感应电流。这是因为向线圈中插入磁铁时,穿过线圈的磁通量增大,从线圈中拔出磁铁时,穿过线圈的磁通量减小。穿过线圈的磁通量发生了变化,因而产生了感应电流。

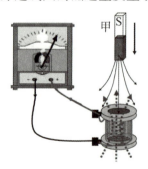

图 3-2-4　磁生电现象

电磁感应现象是电磁学中最重大的发现之一,它揭示了电、磁现象之间的相互联系,对麦克斯韦电磁场理论的建立具有重大意义。法拉第电磁感应定律的重要意义在于：一方面，依据电磁感应的原理，人们制造出了发电机，使电能的大规模生产和远距离输送成为可能；另一方面，电磁感应现象在电工技术、电子技术及电磁测量等方面都有广泛的应用。电磁感应现象使人类社会从此迈进了电气化时代。

(二) 变压器的基本结构与工作原理

1.变压器的基本结构

变压器是利用电磁感应原理来改变交流电压的装置。变压器主要由铁芯及一次线圈和二次线圈组成，连接在电源上的叫一次线圈，连接负载的叫二次线圈。最简单的变压器由一个铁芯及套在铁芯上的两个匝数不相等的线圈构成，变压器结构及电路符号如图 3-2-5 所示。

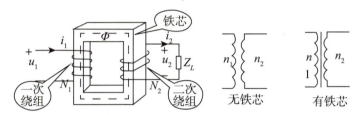

图 3-2-5　变压器结构及电路符号

2.变压器的工作原理

变压器主要应用的是电磁感应原理，可以将交流电转换成频率相同但电压幅度大小不同的交流电。具体工作过程是：当变压器一次线圈施加交流电压，电流流过一次线圈，则铁芯在电流的作用下会产生不断变化的磁场。根据电磁感应原理，二次线圈会在此变化的磁场中产生感应电动势，线圈匝数多的一侧电压高，匝数少的一侧电压低，变压器工作原理如图 3-2-6 所示。简而言之，如果一次线圈的绕组匝数比二次线圈的绕组匝数多，则为降压作用的变压器。反过来，如果二次线圈的绕组匝数比一次线圈的绕组匝数多，则为升压作用的变压器。

3.变压器发热的主要原因

变压器工作时，铁芯中存在时刻变化的磁场，铁芯是铁磁材料，会产生磁滞损耗和涡流损耗，也就是变压器的空载损耗，变压器铁芯的涡流损耗如图 3-2-7 所示。同时，线圈中流过电流，线圈是铜或铝材料，存在电阻，也会产生电阻损耗，这就是变压器的负载损耗。空载损耗和负载损耗都以热量的形式出现，因此，变压器的线圈和铁芯都会发热。

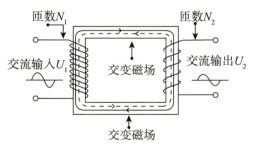

图 3-2-6　变压器工作原理

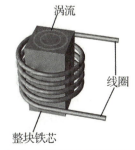

图 3-2-7　变压器铁芯的涡流损耗

(三)新能源汽车无线充电原理

汽车无线充电技术利用充电电缆即可对电动汽车充电,从具体的技术原理及解决方案来说,目前无线充电技术主要有电磁感应式、磁场共振式、电场耦合式和无线电波式四种基本方式。电动汽车充电方式主要是电磁感应式和磁场共振式两种。

电磁感应式是目前最为成熟、应用最为普遍的无线充电技术,其利用电磁感应原理,在充电器端和用电端各装有一个线圈,如果在初级线圈 L_1 上通入一定频率的交流电,则会产生一个变化的磁场,附近的次级线圈 L_2 在变化的磁场作用下会产生一定的感应电动势,从而将充电器端的电能转移到用电端,对电池等用电设备进行充电,电磁感应式充电原理如图3-2-8所示。

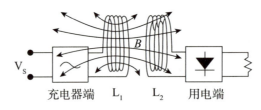

图3-2-8 电磁感应式充电原理

电磁感应式无线充电技术已经量产且经过安全与市场验证,其结构相对简单,传输功率较大,在生产成本上,电磁感应式技术的产品低于其他技术。在电动汽车应用方面,目前采用的无线充电方式主要是电磁感应式,新能源汽车无线充电原理如图3-2-9所示,宝马在其部分车型上进行了电磁感应式无线充电技术的验证和应用,但充电器线圈和电动车端的线圈需要对齐,为了保证对齐准确,一般与自动泊车相结合来保证正常充电。

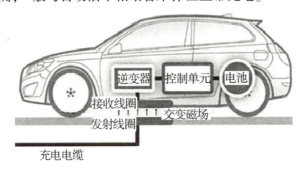

图3-2-9 新能源汽车无线充电原理

电磁感应式无线充电具有结构简单、传输功率大、成本低、短距离传输效率高等优点。但电磁感应的缺点非常明显,就是距离太短,而随着距离的增加,充电过程中的电能损耗将变得非常大,充电效率降低;其次,充电器和用电端需要特定的摆放位置才能精确充电,不合适的充电位置会严重影响充电效率。

五、任务实施

1.实施要求

教学组织

分组实训:全班_____人,每_____人一组,分为_____组,使用_____套实训器材。

职责分工

教师职责:课堂纪律与安全管理、实训器材管理、指导与巡查。

学生职责:班长协助教师对班级进行全面管理与监控,学习委员负责器材管理和检查,团支书负责安全、纪律及素质评价,副班长负责搜集和反馈学生意见,实训小组长负责指导组内学习和交流。

6S 要求

安全、整理、整顿、清洁、清扫、素养。

2.实施准备

(1)电感线圈。

(2)指针式万用表。

3.实施步骤

探究电感元件的检测与识别。

(1)外观检查。外观检查主要是观察外形是否完好无损;磁性材料有无缺损、裂缝;金属屏蔽罩是否有腐蚀氧化现象;线圈绕组是否清洁干燥;导线绝缘漆有无刻痕划伤;接线有无断裂,等等。

通过实验学习,完成电感元件的对外检查,填写表 3-2-1。

得分_____(评分规则:每项 5 分,共 30 分)。

表 3-2-1 电感元件的外观检查

检查项目	检查结果
外形	
磁性材料	
金属屏蔽罩	
线圈绕组	
导线绝缘漆	
接线	

(2)万用表测量。指针式万用表在检测电感器好坏判断中,常使用万用表电阻挡测量电感器的通断及电阻值大小。将万用表置于 Ω 挡,红、黑表笔各接电感器的引出端,此时指针应向右摆动,根据测出的电阻值大小,可具体分为下述三种情况进行判断。

①被测电感器电阻值太小。说明电感器内部线圈有短路性故障,注意测试操作时,一定要先认真将万用表调零,并仔细观察指针向右摆动的位置是否确实到达零位,以免造成误判。当怀疑

电感器内部有短路性故障时,最好是用 R×1Ω 挡反复多测几次,这样才能做出正确的判断。

②被测电感器有电阻值。电感器直流电阻值的大小与绕制电感器线圈所用的漆包线线径、绕制圈数有直接关系,线径越细,圈数越多,则电阻值越大。一般情况下用万用表 R×1Ω 挡测量,只要能测出电阻值,就可认为被测电感器是正常的。

③被测电感器的电阻值为无穷大。这种现象比较容易区分,说明电感器内部的线圈或引出端与线圈接点处发生了断路性故障。注意:在测量电感量很小的线圈时,只要电阻挡测量线圈两端导通便是好的。万用表主要测量电感器的直流电阻值及电感量。若测量出的阻值为无穷大,说明内部线圈已开路,电感器已损坏;若测量出一定的阻值且在正常范围内,说明此电感器正常;若测量出的阻值偏小或阻值为零,说明导线匝间有局部短路或完全短路。

根据万用表测量的数值和线圈状态,填写表 3-2-2。

得分_____(评分规则:每项 20 分,共 40 分)。

表 3-2-2 万用表测量的数值和线圈状态

操作步骤	测量数值	线圈状态
万用表测量		

4.注意事项

(1)由于温度升高的影响,电感器的铁芯和绕组容易发生变化。电感器的温度必须控制在规定的范围内。

(2)电感器的绕组在电流通过后容易形成电磁场。为了减小互感,应注意使相邻的电感器相互远离或绕组成直角。

(3)电感器的绕组层间的间隙电容,特别是多绕组细线,会造成高频信号旁路,降低电感器的实际滤波效果。

(4)用仪器测试电感器和电阻值时,测试引线应尽量靠近电感元件体,以获得正确的数据。

六、6S 检查

得分_____(评分规则:共 10 分)。

根据 6S 检查的完成情况,填写表 3-2-3。

表 3-2-3 6S 检查的完成情况

6S 检查待完成步骤	完成情况	
	是	否
清点实训设备(1分)		
检查设备是否完好(1分)		
清洁设备并归位(2分)		
整理实训工位(2分)		

续表

6S检查待完成步骤	完成情况	
	是	否
整理实训工单(2分)		
职业习惯养成(2分)		

七、课后练习

得分_____(评分规则:每空 1 分,共 10 分)。

1.判断题

(1)变压器工作时,铁芯中存在时刻变化的磁场,铁芯是铁磁材料,会产生磁滞损耗和涡流损耗。　　　　　　　　　　　　　　　　　　　　　　　　　　　　　　(　　)

(2)法拉第电磁感应定律是基于法拉第于1831年8月所做的实验。　　　(　　)

(3)电磁感应式是目前最为成熟、应用最为普遍的无线充电技术。　　(　　)

(4)电磁感应式无线充电具有结构简单、传输功率大、成本低等优点。　(　　)

(5)指针式万用表检测在电感器好坏判断中,常使用万用表电阻挡测量。(　　)

2.选择题(单选)

(1)线圈的电感用 L 表示,单位是(　　)。

A.亨利　　　　　　　　B.安培　　　　　　　　C.法拉

(2)电感线圈的电特性(　　)。

A."通低频,阻高频"　　B."通高频,阻低频"　　C."通交流,阻直流"

(3)通电以后,螺线管的每一匝都会产生磁场,磁场的方向用(　　)判断。

A.安培定则　　　　　　B.左手定则　　　　　　C.右手定则

(4)变压器是利用(　　)原理制成的。

A.欧姆定律　　　　　　B.安培定则　　　　　　C.电磁感应

(5)高频信号通过电感线圈时会遇到(　　)的阻力。

A.没有　　　　　　　　B.很大　　　　　　　　C.很小

八、评分汇总

根据各项目得分情况,填写表3-2-4。

表3-2-4　评分汇总

项　目	得　分
课前资讯(10分)	
任务实施(70分)	
6S检查(10分)	

续表

项　目	得　分
课后习题(10分)	
总分(100分)	

任务三　二极管原理与应用

一、学习目标

(1)了解什么是半导体。
(2)能理解二极管的工作原理,掌握二极管基本电路的分析方法。
(3)能理解二极管整流的工作原理。
(4)能使用万用表对二极管进行检查并区分正负极。
(5)正确规范地使用实训器材,养成良好的新能源汽车维修职业素养。

二、课前资讯

课前预习,完成以下判断题。得分 _____ (**评分规则:每空2分,共10分**)。
(1)二极管具有单向导通性。　　　　　　　　　　　　　　　　(　　)
(2)整流电路分为半波整流和全波整流两种。　　　　　　　　　(　　)
(3)全波整流只需一个二极管就可以组成电路。　　　　　　　　(　　)
(4)二极管的好坏可以用万用表测量。　　　　　　　　　　　　(　　)
(5)二极管导通后相当于开关闭合。　　　　　　　　　　　　　(　　)

三、任务导入

车载发电机是指固定安装在新能源汽车上的发电机,内部设置有整流电路模块。由于交流电无法直接对动力蓄电池进行充电,所以需要将插座的交流电转换成直流电后再进行升压,才能给动力蓄电池组进行充电。

四、知识准备

(一)半导体材料的认知

半导体就是导电能力介于导体和绝缘体之间的物质,很多半导体的导电能力在不同条件下有很大的差别。例如,有些半导体对温度的反应特别灵敏,当环境温度升高时,其导电能力要增强很多,人们利用这种特性制成了各种热敏电阻器;有些半导体受到光照时,导电能力变得很强,当无光照时,又变得像绝缘体那样不导电,人们利用这种特性制成了各种光敏电阻器。

如果在绝对纯净的半导体中掺入微量的某种杂质,它的导电能力就能增加几十万乃至几百万倍。利用这种特性制成了各种不同用途的半导体器件,如半导体二极管、三极管、场效应管及晶闸管等。

1. 半导体材料

目前应用最多的半导体材料是硅(Si)和锗(Ge),其原子结构示意图如图3-3-1所示,它们各有四个价电子。将硅或锗材料提纯(去掉无用杂质)并形成单晶体后,所有原子便基本排列整齐,按四角形系统组成晶体点阵,每个原子之间的距离相等。半导体一般都具有这种晶体结构,因此半导体也称为晶体,这就是晶体管名称的由来。

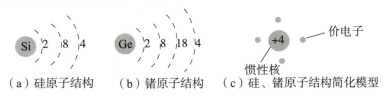

(a) 硅原子结构　　(b) 锗原子结构　　(c) 硅、锗原子结构简化模型

图3-3-1　硅和锗的原子结构示意图

本征半导体是完全纯净的,具有晶体结构的半导体。在本征半导体的晶体结构中,每一个原子与相邻的四个原子相结合。每个原子的一个价电子与另一个原子的一个价电子组成一个电子对,这对价电子是每两个相邻原子共有的,它们把相邻的原子结合在一起,构成共价键结构,半导体的共价键结构如图3-3-2所示。

在共价键结构中,原子最外层有八个电子并处于较稳定的状态,但共价键中的电子并不像在绝缘体中的价电子被束缚得那样紧。其在获得一定能量后(温度升高或光照)即可挣脱原子核的束缚(电子受到激发),成为自由电子。温度越高,晶体中产生的自由电子越多。在电子挣脱共价键的束缚成为自由电子后,共价键中就留下一个空位,称为空穴。在一般情况下,原子是中性的,在电子挣脱共价键的束缚成为自由电子后,原子的中性便被破坏,从而显出带正电。电子和空穴总是成对产生的,称为电子空穴对,本征激发产生电子空穴对如图3-3-2所示。

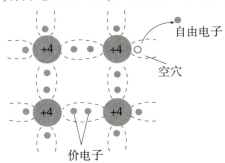

图3-3-2　半导体的共价键结构、本征激发产生电子空穴对

2. N型和P型半导体

本征半导体中虽然有自由电子和空穴两种载流子,但由于载流子数量极少,所以导电能力仍然很低。如果在其中掺入微量的杂质(某种元素),将使半导体(杂质半导体)的导电性能大

大增强。根据掺杂的元素不同,杂质半导体可分为两大类。

一类是在硅或锗的晶体中掺入磷(或其他五价元素)。自由电子导电成为这种半导体的主要导电方式,故称它为电子半导体或 N 型半导体,其结构图如图 3-3-3 所示。在整个掺杂后的半导体中,不能移动的正离子的数目与导电电子的数目相同,即整个晶体结构对外呈电中性。

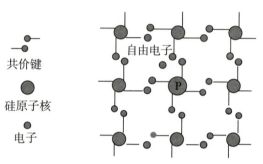

图 3-3-3　N 型半导体结构图

另一类是在硅或锗晶体中掺入硼(或其他三价元素)。每个硼原子只有三个价电子,故在构成共价键结构时,因缺少一个电子而产生一个空穴。当相邻硅原子中的价电子受到热或其他的激发获得能量时,就可能填补这个空穴,而在该相邻硅原子中便出现一个空穴,从而就形成了晶体中空穴的不断移动。晶体中掺杂的硼原子由于获得附加的电子而变为不能移动的负离子。在晶体中的掺杂元素,由于接受电子而称为受主原子(或受主杂质)。对于硅(Si)来说,硼(B)是受主原子,P 型半导体结构图如图 3-3-4 所示。每一个硼原子都能提供一个空穴,于是在半导体中就形成了大量空穴。这种以空穴导电为主要导电方式的半导体称为空穴半导体或 P 型半导体,其中空穴是多数载流子,自由电子是少数载流子。

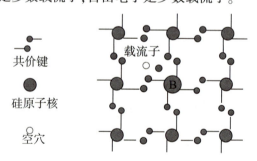

图 3-3-4　P 型半导体结构图

注意:不论是 N 型半导体还是 P 型半导体,虽然它们都有一种载流子占多数,但是整个晶体仍然是不带电的。

半导体的杂质导电性能随掺杂杂质的浓度比例系数而上升,但与温度无关。半导体器件主要由 N 型和 P 型半导体组成,有些半导体器件也直接用本征半导体材料制成。半导体器件分为单极型和双极型,在单极型器件中,电流只在相同类型半导体区域中通过;在双极型器件中,电流则要流经多种不同类型的半导体区域。

(二)二极管内部的特殊结构—PN 结

P 型或 N 型半导体的导电能力虽然大大增强,但并不能直接用来制造半导体器件。通常采用半导体制造工艺将 P 型半导体和 N 型半导体结合在一起,在它们的交界面就形成 PN 结。PN 结是构成各种半导体器件的基础。

1.PN 结的形成

由于电子和空穴是两种相异的载流子,所以它们伴随着扩散运动将在交界面附近复合掉,于是在 N 型区一边因电子的消失而留下不能移动的正离子,在 P 型区一边因空穴消失而留下不能移动的负离子。这样,在 P 型半导体和 N 型半导体的交界面处形成一个空间电荷区,这个空间电荷区称为 PN 结,多数载流子扩散形成空间电荷区如图 3-3-5 所示。

由于形成空间电荷区的正负离子不能移动,不参与导电,在这个区域内载流子很少,所以空间电荷区的电阻率很高。由于这个区域内的两种多数载流子已扩散到对方并相互复合掉了(消耗尽了),所以空间电荷区有时又称为耗尽层。

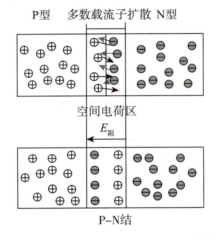

图 3-3-5 多数载流子扩散形成空间电荷区

2.PN 结的工作原理

PN 结具有单向导电性,即在 PN 结上加正向电压时,PN 结正向导通,如图 3-3-6 所示,PN 结电阻很低,正向电流较大,PN 结处于导通状态;加反向电压时,PN 结电阻很高,反向电流很小,PN 结处于截止状态,PN 结反向截止如图 3-3-7 所示。

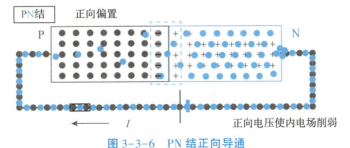

图 3-3-6 PN 结正向导通

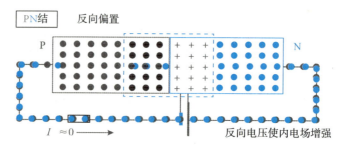

图 3-3-7　PN 结反向截止

3.二极管的结构及符号

半导体二极管实际上是由一个 PN 结加上接触电极、引出线和管壳构成的。前面介绍的 PN 结单向导电特性也就是半导体二极管所具有的特性。二极管内部结构示意图及符号如图 3-3-8 所示,图中箭头的指向表示二极管单向导电时的电流方向,二极管的文字符号为 VD。

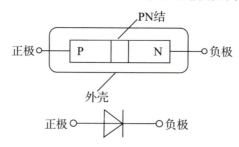

图 3-3-8　二极管内部结构示意图及符号

(三)二极管的命名、分类与识别方法

1.二极管的命名

二极管根据其外形、结构、材料、功率和用途分成各种类型,这些不同类型的管子都按国家标准来命名,它由四部分组成,其命名方法如表 3-3-1 所示。

表 3-3-1　二极管的命名方法

第一部分(数字)		第二部分(汉语拼音字母)		第三部分(汉语拼音字母)		第四部分(数字)
电极数		材料和特性		二极管类型		同类管子序号
符号	含义	符号	含义	符号	含义	
2	二极管	A B C D E	N 型管 P 型管 N 形硅 P 型硅 化合物	P Z K W L C U	普通管 整流管 开关管 稳压管 整流堆 参量管 光电器件	表示同类型中某些性能参数上有差别

2.二极管的分类

(1)按材料来分。

二极管最常用的有硅管和锗管两种,按结构不同又可分为点接触型、面接触型和平面型等。二极管结构示意图如图3-3-9所示。

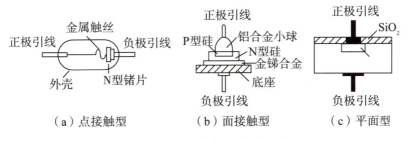

(a)点接触型　　(b)面接触型　　(c)平面型

图3-3-9　二极管结构示意图

(2)其他类型的半导体二极管。

①稳压二极管。

稳压二极管是一种特殊的面接触型半导体硅二极管。由于它在电路中与适当阻值的电阻配合后能起到稳定电压的作用,故称为稳压二极管(简称稳压管),稳压管如图3-3-10(a)所示。稳压管的测量方法与普通二极管相同,但需注意稳压管的反向电阻相较普通二极管要小。稳压管主要有两方面的作用,即稳压作用和限压作用。

基本工作原理:稳压管工作于反向击穿区。当稳压管两端的反向电压在一定范围内变化时,反向电流很小。当反向电压增大到击穿电压时,流过稳压管的反向电流骤增,稳压管反向击穿。此后,电流虽然在很大范围内变化,但稳压管两端的电压变化很小。利用这一特性,稳压管在电路中能起到稳压作用。稳压管与一般二极管不一样,它的PN结的反向击穿是可逆的。在PN结去掉反向电压之后,稳压管又恢复正常。但是,如果反向电流超过允许范围,稳压管将会发生热击穿而损坏。PN结电击穿有两种类型,即雪崩击穿和齐纳击穿。

a.雪崩击穿:当PN结反向工作时,有少量载流子漂移通过空间电荷区。这些载流子在漂移过程中不断与晶格原子发生碰撞。随着加在PN结上反向电压的增大,PN结中电场增强,在这个电场的作用下,通过PN结的载流子漂移速度加快,动能增大。外加电压增大到一定数值时,这些载流子获得足够大的动能,它们与PN结中的原子碰撞时,能把其中的价电子碰撞出来,产生新的电子空穴对。

b.齐纳击穿:当PN结的掺杂浓度很高时,阻挡层就十分薄。这种阻挡层特别薄的PN结,只要加上不大的反向电压,阻挡层内部的电场强度就可达到非常高的数值。这种很强的电场强度可以把阻挡层内中性原子的价电子直接从共价键中拉出来,变为自由电子,同时产生空穴,这个过程称为场致激发。由场致激发而产生大量的载流子,使PN结的反向电流剧增,呈现反向击穿现象。这种击穿通常称为齐纳击穿。齐纳击穿发生在掺杂浓度很高的PN结上,同时在比较低的外加电压时就会出现这种击穿。

②发光二极管。

发光二极管(Light Emitting Diode,LED)是一种能将电能转换成光能的半导体器件,它是由磷砷化镓、镓铝砷或磷化镓等化合物材料制成的。其内部结构是一个 PN 结,发光二极管如图3-3-10(b)所示。它的工作电流一般为几毫安至十几毫安,其正向导通电压较高,为 2~3 V。为了防止正向电流过大而损坏发光二极管,使用时应串联限流电阻。

LED 的内部结构特征决定其本身具备以下优点:体积小、耗电量低、使用寿命长、亮度高、热量低、坚固耐用、环保等。

③光电(敏)二极管。

光电(敏)二极管是一种能将光能转换成电能的半导体器件。光电(敏)二极管如图 3-3-10(c)所示,PN 结受到光线照射时,可以激发产生电子空穴对,从而提高了少数载流子的浓度。当外加反向电压时,少数载流子增多,少数载流子漂移电流显著增大。因此,当外界光发生强弱变化时,二极管的反向电流大小也随之变化,利用这种原理工作的二极管,称为光电(敏)二极管。

(a)稳压管　　　(b)发光二极管　　　(c)光电(敏)二极管

图 3-3-10　其他类型的半导体二极管

五、任务实施

1.实施要求

教学组织

分组实训:全班＿＿＿＿人,每＿＿＿＿人一组,分为＿＿＿＿组,使用＿＿＿＿套实训器材。

职责分工

教师职责:课堂纪律与安全管理、实训器材管理、指导与巡查。

学生职责:班长协助教师对班级进行全面管理与监控,学习委员负责器材管理和检查,团支书负责安全、纪律及素质评价,副班长负责搜集和反馈学生意见,实训小组长负责指导组内学习和交流。

6S 要求

安全、整理、整顿、清洁、清扫、素养。

2.实施准备

(1)普通二极管、稳压二极管、发光二极管、整流二极管。

(2)万用表。

(3)导线。

(4)示波器。

（5）变压器。

（6）面包板。

3. 实施步骤

（1）探究如何识别二极管的极性与好坏。

①目视法判断二极管的极性。一般在实物的电路中可以通过眼睛直接看出二极管的正负极，在实物中看到一端有颜色标示的是负极，另外一端是正极。

②用万用表（指针表）判断二极管的极性。通常选用万用表的电阻挡（R×100 或 R×1k），然后分别用万用表的两表笔分别接到二极管的两极上，当二极管导通时，测得的阻值较小（一般为五百至六百欧姆），这时黑表笔接的是二极管的正极，红表笔接的是二极管的负极；当测得的阻值很大（一般约为几千欧姆）时，这时黑表笔接的是二极管的负极，红表笔接的是二极管的正极。

③测试注意事项。用数字式万用表测二极管时，红表笔接二极管的正极，黑表笔接二极管的负极，此时测得的数值才是二极管的正向导通电压值，这与指针式万用表的表笔接法刚好相反。

④二极管好坏的判别方法。二极管的正向电阻要求在 1 kΩ 左右，反向电阻应在 100 kΩ 以上。总之，正向电阻越小越好，反向电阻越大越好。若正向电阻为无穷大，说明二极管内部断路；若反向电阻为零，表明二极管已击穿。内部断开或击穿的二极管均不能使用。

探究二极管的极性与好坏，填写表3-3-2。

得分_____（评分规则：每项4分，共36分）。

表 3-3-2　探究二极管的极性与好坏

二极管类型	正向电阻	反向电阻	二极管状态
普通二极管			
稳压二极管			
发光二极管			

（2）探究全波整流电路的作用。

整流就是把交流电变成直流电的一种转换方法，很多电子设备要采用整流电源。能将平均值为零的正弦波交流电压变换为平均值不为零的单向脉冲直流电压的器件称为整流器。由于二极管具有单向导电性，所以可用二极管来制成各种整流器。汽车交流发电机就是利用二极管整流电路将交流电转换成直流电的。一般在小功率（指 1 kW 以下）直流电源中多采用单相整流电路，即由单相交流电源供电。常用的整流电路有半波、全波、桥式和倍压整流等形式。

单向桥式全波整流电路如图3-3-11所示。

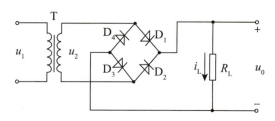

图 3-3-11　单向桥式全波整流电路图

① 各部分的作用。

电源变压器:将 220 V 电网电压变换成电路所需要的电压值。

负载:将电能转换为其他形式的能。

四只二极管:利用二极管的单向导电性,将交流电压变换成脉动直流电压。

② 电路原理。

由图 3-3-11 可看出,电路中采用四个二极管,互相接成桥式结构。利用二极管的电流导向作用,在交流输入电压 u_2 的正半周内,二极管 D_1、D_3 导通,D_2、D_4 截止,在负载 R_L 上得到上正下负的输出电压;在负半周内,正好相反,D_1、D_3 截止,D_2、D_4 导通,流过负载 R_L 的电流方向与正半周一致。因此,利用变压器的一个副边绕组和四个二极管,使得在交流电源的正、负半周内,整流电路的负载上都有方向不变的脉动直流电压和电流。桥式整流的名称只是说明电路连接方法是桥式的接法,桥式整流二极管一般是由 4 只单个二极管封装在一起的元件,取名桥式整流二极管、整流桥或全桥二极管。

③ 搭建电路及验证。

按桥式整流电路,用示波器观察并记录 u_2 及 u_0 的波形,测量 u_2 及 u_0 的数值,将测量结果按照要求填入表 3-3-3 中。

得分_____(评分规则:共 34 分)。

表 3-3-3　桥式整流电路在不同电压下的波形和数值

测试项目	u_2		u_0	
	波形(10 分)	数值(7 分)	波形(10 分)	数值(7 分)
桥式整流电路				

4. 注意事项

(1) 桥式整流电路的接线规律是负载必须接在二极管桥路的共负极端和共正极端。交流电源端必须接二极管的正、负极混接端。

(2) 如果桥式整流电路中任意一个二极管接反,会出现二次绕组被短路、烧毁二极管或烧断熔丝等现象。

(3) 连接电路前,确认电源开关处于断开状态。接线无误后,检查导线安装是否牢靠。

六、6S 检查

得分_____（评分规则：共 10 分）。

根据 6S 检查的完成情况，填写表 3-3-4。

表 3-3-4 6S 检查的完成情况

6S 检查待完成步骤		完成情况	
		是	否
清点实训设备	（1 分）		
检查设备是否完好	（1 分）		
清洁设备并归位	（2 分）		
整理实训工位	（2 分）		
整理实训工单	（2 分）		
职业习惯养成	（2 分）		

七、课后练习

得分_____（评分规则：每空 1 分，共 10 分）。

1. 判断题

（1）二极管具有单向导电性。　　　　　　　　　　　　　　　　　（　　）

（2）正向偏置是指二极管的正极接电源的负极，二极管的负极接电源的正极。（　　）

（3）二极管的内部结构实际是一个 PN 结。　　　　　　　　　　　（　　）

（4）在全波整流电路中如果有一个二极管的极性接反了，不会影响整流效果。（　　）

（5）稳压二极管是一种特殊的面接触型半导体硅二极管。　　　　　（　　）

2. 选择题（单选）

（1）二极管的最主要工作特性是（　　）。

A. 双向导通性　　　　B. 单向导通性　　　　C. 升压　　　　D. 降压

（2）在（　　）情况下二极管处于截止状态。

A. 正向偏置　　　　B. 两端电压过大　　　　C. A 和 B　　　　D. 反向偏置

（3）整流电路中利用二极管的（　　）将交流电转变成直流电。

A. 单向导通性　　　　B. 双向截止性　　　　C. 偏置特性

（4）用一种特殊的工艺向纯硅或纯锗中掺入少量（　　）就能得到 P 型半导体。

A. 三价元素　　　　B. 四价元素　　　　C. 五价元素　　　　D. 六价元素

（5）整流电路的作用是（　　）。

A. 交流电转换成直流电　　　　　　　B. 直流电转换成交流电

C. 升压　　　　　　　　　　　　　　D. 降压

八、评分汇总

根据各项目得分情况,填写表 3-3-5。

表 3-3-5　评分汇总

项　目	得　分
课前资讯(10 分)	
任务实施(70 分)	
6S 检查(10 分)	
课后习题(10 分)	
总分(100 分)	

任务四　场效应晶体管原理与应用

一、学习目标

(1)了解场效应晶体管的作用及工作原理。

(2)能理解场效应晶体管与晶体管、继电器的区别。

(3)通过场效应晶体管实训电路学习,可以分析其工作特性。

(4)正确规范地使用实训器材,养成良好的新能源汽车维修职业素养。

二、课前资讯

课前预习,完成以下判断题。得分_____(评分规则:每空 2 分,共 10 分)。

(1)场效应晶体管是一种单极型半导体器件。　　　　　　　　　　　　　(　　)

(2)场效应晶体管属于电流控制型器件。　　　　　　　　　　　　　　　(　　)

(3)场效应晶体管在汽车电路中起开关作用,控制执行器工作。　　　　　(　　)

(4)场效应晶体管和继电器的作用是一样的,两者可以互换。　　　　　　(　　)

(5)场效应晶体管可以用万用表测量好坏。　　　　　　　　　　　　　　(　　)

三、任务导入

场效应晶体管的功能相当于电路中的"继电器",被广泛应用于新能源汽车中。控制单元根据各传感器的信号运算后,输出相应电压信号,从而控制场效应晶体管导通或者断开,实现控制对应电路模块。

四、知识准备

(一) 场效应晶体管的认知

场效应晶体管是利用控制输入回路的电场效应来控制输出回路电流的一种半导体器件,属于电压控制型半导体器件。普通晶体管是电流控制器件,输入电阻低;而场效应晶体管的输出电流取决于输入信号电压的大小,是一种电压控制器件,输入端几乎不需要信号源提供电流,因而输入电阻很高(>10 MΩ),这是它的主要特点。此外,场效应晶体管有结型和绝缘栅型两大类,结型场效应晶体管因有两个 PN 结而得名;绝缘栅型场效应晶体管则因栅极与其他电极完全绝缘而得名。结型场效应晶体管又分为 N 沟道和 P 沟道两种;绝缘栅型场效应晶体管除有 N 沟道和 P 沟道之分外,还有增强型与耗尽型之分,其优点是制造工艺简单、便于集成化。场效应晶体管的分类及符号如图 3-4-1 所示。

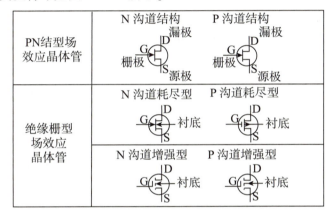

图 3-4-1 场效应晶体管的分类及符号

(二) 绝缘栅场效应晶体管

绝缘栅场效应晶体管(MOSFET 或 MOS 管)可分为增强型和耗尽型两种,每种又有 N 沟道与 P 沟道之分。其主要作用是用栅极 G 的输入电压来控制漏极 D 和源极 S 之间的导通或截止。

1.场效应晶体管的结构

以 N 通道的 MOSFET 为例,对基本结构进行说明。N 沟道场效应晶体管是用掺杂较轻的 P 型硅片作为衬底,上面制成两个高杂质浓度的 N 型区(用 N+表示),由此两区分别引出两个电极漏极(D)和源极(S)。衬底其余部分的表面覆盖一层很薄的二氧化硅绝缘层,其上喷涂一层铝作为栅极(G)。源、漏、栅三个极分别相当于普通晶体管的射、集、基三个极。N 沟道绝缘栅场效应晶体管(N Metal Oxide Semiconductor,NMOS)结构原理图如图 3-4-2 所示。

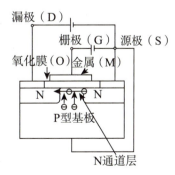

图 3-4-2 N 沟道绝缘栅场效应晶体管(NMOS)结构原理图

2. 场效应晶体管的工作原理

以 N 通道的 MOSFET 为例，对其基本工作原理进行说明。首先，在栅极施加电压，电子就会聚集在氧化膜和 P 型衬底的交界处。因此，氧化膜附近的 P 型半导体的电气特性发生变化，成为很薄的 N 通道层。另外，源极和漏极由 N 型半导体构成，如果在漏极和源极间施加电压，在漏极和源极间就会有透过很薄的 N 通道层的电流流过。也就是通过控制施加在栅极的电压的大小，可以控制漏极和源极间流过的电流。P 沟道绝缘栅场效应晶体管的工作过程与之相似，这里不再重复。

(三) 场效应晶体管的开关作用

实际应用中，场效应晶体管一般作为电控开关来使用。如图 3-4-3 所示，当控制单元输出信号为高电平时，场效应晶体负载管的漏极和源极导通，相当于闭合的开关，负载直接与电源接通；当控制单元输出信号为低电平时，场效应晶体管的漏极和源极截止，相当于开关断开，电路可以视为开路。

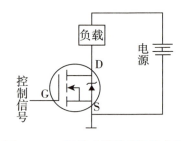

图 3-4-3 场效应晶体管开关电路

(四) 场效应晶体管与晶体管三极管的区别

晶体管三极管属于电流驱动型，其放大功能是通过基极的电流来实现的，晶体管的放大作用如图 3-4-4 所示。场效应晶体管属于电压驱动型，栅极电阻极大，可以视为没有电流经过，所以不消耗电流。场效应晶体管通过电压形成一条电子通道，使漏极和源极导通，从而实现电流放大功能。栅极的电压越高，导通的电流越大，但同时栅极不消耗电流。相对于晶体管、三极管，场效应晶体管的优点是电流消耗小，导通相应速度快。场效应晶体管还具有噪声低、热稳定性好、耗电少等优点，因此获得广泛应用。

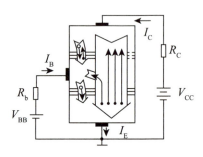

图 3-4-4 晶体管的放大作用

五、任务实施

1. 实施要求

教学组织

分组实训：全班＿＿＿＿＿人，每＿＿＿＿＿人一组，分为＿＿＿＿＿组，使用＿＿＿＿＿套实训器材。

职责分工

教师职责：课堂纪律与安全管理、实训器材管理、指导与巡查。

学生职责：班长协助教师对班级进行全面管理与监控，学习委员负责器材管理和检查，团支书负责安全、纪律及素质评价，副班长负责搜集和反馈学生意见，实训小组长负责指导组内学习和交流。

6S 要求

安全、整理、整顿、清洁、清扫、素养。

2. 实施准备

(1) 场效应晶体管。

(2) 数字万用表。

3. 实施步骤

(1) 场效应晶体管的识别与命名。

场效应晶体管引脚排列位置根据其品种、型号及功能的不同而不同。对于大功率场效应晶体管,如图 3-4-5(a)所示,从左至右,引脚排列基本为 G、D、S 极(散热片接 D 极);采用绝缘底板模块封装的特种场效应晶体管通常有四个引脚,如图 3-4-5(b)所示,上面的两个引脚通常为两个 S 极(相连),下面的两个引脚分别为 G、D 极;采用贴片封装的场效应晶体管,如图 3-4-5(c)所示,散热片是 D 极,下面的三个引脚分别是 G、D、S 极。

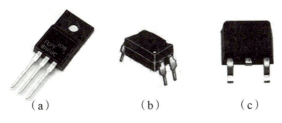

图 3-4-5　场效应晶体管外形

国产场效应晶体管的型号命名方法有两种:第一种命名方法与普通三极管相同,第一部分用数字 3 表示主称;第二部分用字母表示材料,D 表示 P 型硅 N 沟道,C 表示 N 型硅 P 沟道;第三部分用字母表示管子种类,字母 J 代表结型场效应晶体管,O 代表绝缘栅型场效应晶体管;第四部分用数字表示序号。

第二种命名方法采用字母"CS"+"××#"的形式,其中"CS"代表场效应晶体管,"××"以数字代表型号的序号,"#"用字母代表同一型号中的不同规格,如 CS16A、CS55G 等。

场效应晶体管在电路原理图中常用字母"V""VT"表示。场效应晶体管的图形符号中的箭头是用来区分类型的。箭头从外指向芯片表示 N 沟道场效应晶体管;箭头从芯片指向外表示 P 沟道场效应晶体管。

根据国产场效应晶体管型号、管型,填写表 3-4-1。

得分_____(评分规则:每项 5 分,共 10 分)。

表 3-4-1　国产场效应晶体管型号、管型

型号	具体管型
3DJ6D	
3DO6C	

(2)探究场效应晶体管的检测方法。

①数字式万用表检测场效应晶体管的极性。

利用数字式万用表不仅能判别场效应晶体管的电极,还可以测量场效应晶体管的放大系数。将数字式万用表调至 h_{FE} 挡,场效应晶体管的 G、D、S 极分别插入 h_{FE}。测量插座的 B、C、E 孔中(N 沟道管插入 NPN 插座中,P 沟道管插入 PNP 插座中),此时,显示屏上会显示一个数值,这个数值就是场效应晶体管的放大系数;若电极插错或极性插错,则显示屏将显示为"000"或"1"。

根据场效应晶体管极性测试结果,填写表 3-4-2。

得分_____(评分规则:每项 10 分,共 30 分)。

表 3-4-2　场效应晶体管极性测试结果

测试管型	测试结果(是否正确检测出极性)
场效应晶体管 1 管型(　　)	
场效应晶体管 2 管型(　　)	
场效应晶体管 3 管型(　　)	

②数字式万用表检测场效应晶体管的好坏。

方法一:用二极管挡红表笔接栅极 G,表笔接源极 S,数字表显示 1,黑表笔接 S 不动,将红表笔移至漏极 D,此时数字表应显示 150~300 Ω 的数值,将红表笔接源极 S,黑表笔接漏极 D,此时应有 60~100 Ω 的数据,然后换过来,即 S 接黑,D 接红,此时数据还是在 150~300 Ω,手一边接 D,一边碰一下栅极 G 或用镊子短路 DS,此时数据会慢慢变为无穷大,然后交换表笔,即 S 接红,D 接黑,数据将在 500 Ω 左右,此时证明该晶体管是好的。

方法二:将数字万用表拨至"二极管"挡,也就是蜂鸣器挡。黑表笔接 D 极,红表笔接 S 极,此时,应显示一个数值,一般情况下为 400~500 Ω。然后,再对换表笔,应无显示,为"1"。然后,黑表笔接 D 极,红表笔先去触碰一下 G 极,然后红表笔再接到 S 极上,此时,会发现显示的数值与原来相比变小了许多,一般为 20~100 Ω。这说明,此场效应晶体管已被触发导通了。在这个时候,黑表笔接 S 极,红表笔接 D 极,会发现有数值显示了。这说明此场效应晶体管是完好的。如果所测的结果与上述两种方法均不符,则这个场效应晶体管就是坏的。一般情况下,D 极和 S 极击穿的比较常见。用数字万用表的"二极管"挡测量,会听到蜂鸣器的响声。

以上两种方法几乎适用于任何型号的场效应晶体管。根据场效应晶体管好坏测试结果,填写表 3-4-3。

得分_____评分规则:每项 10 分,共 30 分。

表 3-4-3　场效应晶体管好坏测试结果

测试管型	测试结果(是否正确检测出好坏)
场效应晶体管 1 管型(　　)	
场效应晶体管 2 管型(　　)	
场效应晶体管 3 管型(　　)	

项目三 新能源汽车电力电子元器件

4.注意事项

(1)使用场效应晶体管之前,必须首先搞清楚场效应晶体管的类型及电极,必要时应通过万用表进行测试。结型场效应晶体管的 S、D 极可互换,绝缘栅型场效应晶体管的 S、D 极一般也可互换,但有些产品 S 极与衬底连在一起,这时 S 极与 D 极不能互换。

(2)在线路设计中,应根据电路的需要选择场效应晶体管的类型及参数,使用时不允许超过场效应晶体管的耗散功率、最大漏源电流和电压的极限值。

(3)各类型场效应晶体管在使用时,都要严格按要求的偏置接入电路中,要注意场效应晶体管偏置的极性。

(4)在安装场效应晶体管时,注意安装的位置要尽量避免靠近发热元件;为了防止管子振动,安装时要将管子紧固;引脚引线在弯曲时,应在大于管子根部尺寸 5 mm 以上处进行,以防止引脚弯断而引起漏气。

(5)对于绝缘栅型场效应晶体管(MOS 管),因为栅极处于绝缘状态,感应电荷不容易放掉,而且绝缘层很薄,极易被击穿,所以在使用这种类型的场效应晶体管时应注意以下几个问题。

①运输和储藏中必须将引出脚短路或采用金属屏蔽包装,以防外来感应电动势将栅极击穿。拿取场效应晶体管时,要拿它的外壳,不要拿它的引脚,因为人体带有少量的电荷,若触碰到场效应晶体管的引脚,少量的电荷跑到栅极上,会使栅、漏结感应充电,易击穿场效应晶体管。

②焊接用的电烙铁外壳要接地,或者利用烙铁断电后的余热焊接。焊接绝缘栅型场效应晶体管的顺序是:漏极→源极→栅极。拆机时顺序相反。为防止场效应晶体管被击穿,在接入电路时,将管子各引线短接,焊接完再将短接线剪掉。

③在焊接前应把电路板的电源线与地线短接,在 MOS 器件焊接完成后再分开。

④电路板在装机之前,要用接地的线夹子去碰一下机器的各接线端子,再把电路板接上。

⑤测试仪器、工作台要良好接地,要采取防静电措施。

⑥MOS 场效应晶体管的栅极在允许的条件下,最好接入保护晶体二极管,以防止场效应晶体管栅极被击穿。

六、6S 检查

得分_____(评分规则:共 10 分)。

根据 6S 检查的完成情况,填写表 3-4-4。

表 3-4-4 6S 检查的完成情况

6S 检查待完成步骤	完成情况	
	是	否
清点实训设备(1分)		
检查设备是否完好(1分)		
清洁设备并归位(2分)		

续表

6S检查待完成步骤	完成情况	
	是	否
整理实训工位(2分)		
整理实训工单(2分)		
职业习惯养成(2分)		

七、课后练习

得分_____(评分规则:每空1分,共10分)。

1.判断题

(1)场效应晶体管是利用控制输入回路的电场效应来控制输出回路电流的一种半导体器件,属于电压控制型半导体器件。( )

(2)结型场效应晶体管除有N沟道和P沟道之分外,还有增强型与耗尽型之分。( )

(3)实际应用中,场效应晶体管一般作为电控开关来使用。( )

(4)相对于晶体管三极管,场效应晶体管的优点是电流消耗小,导通相应速度快。( )

(5)国产场效应晶体管的型号命名方法有两种:第一种命名方法与普通三极管相同,第一部分用数字3表示主称;第二部分用字母表示材料,D表示P型硅N沟道。( )

2.选择题(单选)

(1)绝缘栅场效应晶体管主要作用是用栅极G的输入电压来控制漏极D和源极S之间的( )。

A.导通 B.导通或截止 C.截止

(2)实际应用中,场效应晶体管一般作为电控开关来使用。当控制单元输出信号为( )时,场效应晶体负载管的漏极与源极导通,相当于闭合的开关。

A.高电平 B.低电平 C.高低电平都可以

(3)利用数字式万用表不仅能判别场效应晶体管的电极,还可以测量场效应管的放大系数。将数字式万用表调至h_{FE}挡,场效应晶体管的( )极分别插入h_{FE}。

A.G、S、D B.S、D、G C.G、D、S

(4)场效应晶体管属于电压驱动型,栅极电阻( ),可以视为没有电流经过,所以不消耗电流。

A.极大 B.极小 C.500 Ω左右

(5)国产场效应晶体管的型号命名方法有两种:第一种命名方法与普通三极管相同,第一部分用数字3表示_____;第二部分用字母表示_____,第三部分用字母表示管子_____。( )

A.种类 材料 主称 B.材料 主称 种类 C.主称 材料 种类

八、评分汇总

根据各项目得分情况,填写表3-4-5。

表3-4-5 评分汇总

项　目	得　分
课前资讯(10分)	
任务实施(70分)	
6S检查(10分)	
课后习题(10分)	
总分(100分)	

任务五　IGBT原理与应用

一、学习目标

(1)能够叙述绝缘栅双极型晶体管(Isolated Gate Bipolar Transisor,IGBT)的作用和组成。

(2)能够理解 IGBT 的工作原理。

(3)能使用万用表对 IGBT 的引脚进行检测并判断。

(4)通过对 IGBT 实训板的学习,掌握其工作特点。

(5)正确规范地使用实训板,养成良好的新能源汽车维修职业素养。

二、课前资讯

课前预习,完成以下判断题。得分_____(评分规则:每空2分,共10分)。

(1)IGBT 的全称是绝缘栅双极型晶体管。　　　　　　　　　　　　　　(　　)

(2)IGBT 的优点是可以控制高电压大电流,而且功耗很小。　　　　　　(　　)

(3)IGBT 可以用场效应晶体管或者晶体管替代。　　　　　　　　　　　(　　)

(4)我国 IGBT 完全要依赖进口,自己无法研发生产。　　　　　　　　　(　　)

(5)新能源汽车电动机控制器都具有 IGBT,而且成本很高。　　　　　　(　　)

三、任务导入

新能源汽车日常行驶时,工作电流高达上百安培。电控单元按照驾驶人的操作,精确地控制发电机输入电流的变化,这些控制的关键部件就是IGBT。不仅发电机驱动要用IGBT,新能源汽车的充电桩和空调压缩机也需要使用IGBT,其主要作用是将大功率直流电转化成交流电。

四、知识准备

(一) IGBT 的认知

IGBT 是由 BJT(双极型晶体管)、MOS (绝缘栅型场效应晶体管)组成的半导体器件,双极晶体管饱和压降低,载流密度大,但驱动电流较大。MOSFET 驱动功率很小,开关速度快,但导通压降大,载流密度小。IGBT 综合了以上两种器件的优点,驱动功率小而饱和压降低,是一种适合于中、大功率应用的电力电子器件,IGBT 在综合性能方面占有明显优势,非常适合应用于直流电压为 600 V 及以上的变流系统,如交流电动机、变频器、开关电源、照明电路、牵引传动等。

IGBT 是能源转换与传输的核心器件,是电力电子装置的"CPU"。IGBT 是一种大功率的电力电子器件,是一个非通即断的开关,IGBT 没有放大电压的功能,导通时可以看作导线,断开时可以当作开路。IGBT 的三大特点就是高压、大电流、高速。它是电力电子领域非常理想的开关器件,不同公司的 IGBT 如图 3-5-1 所示。采用 IGBT 进行功率变换,能够提高用电效率和质量。其具有高效节能和绿色环保的特点,是解决能源短缺问题和降低碳排放的关键支撑技术。IGBT 的应用领域很广,如工业领域中的变频器,家用电器领域的变频空调、洗衣机、冰箱,轨道交通领域的高铁、地铁、轻轨,军工航天领域的飞机、舰艇,新能源领域的新能源汽车、风力发电等都有非常广泛的应用。

图 3-5-1 不同公司的 IGBT

(二) IGBT 的内部结构

IGBT 内部结构如图 3-5-2 所示,N^+ 区称为源区,附于其上的电极称为源极(发射极 E)。器件的控制区为栅区,附于其上的电极称为栅极(门极 G)。而在漏区另一侧的 P^+ 区称为漏注入区(Drain injector),它是 IGBT 特有的功能区,与漏区和亚沟道区一起形成 PNP 双极晶体管,起发射极的作用,向漏极注入空穴,进行导电调制,以降低器件的通态电压。附于漏注入区上的电极称为漏极(集电极 C)。IGBT 电路符号如图 3-5-3 所示。

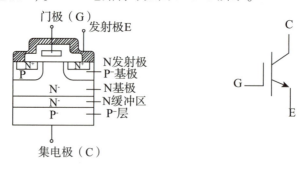

图 3-5-2 IGBT 内部结构　　　图 3-5-3 IGBT 电路符号

(三) IGBT 的工作原理

NPN 型 IGBT 的内部结构和等效电路如图 3-5-4 所示。如果在 IGBT 的门极和发射极之间加上驱动电压,使得场效应晶体管处于导通状态,则晶体管的基极导通,从而晶体管的集电极和发射极也处于导通状态,此时 IGBT 相当于闭合的开关。

如果 IGBT 的门极和发射极之间电压为 0 V,使得场效应晶体管处于截止状态,则晶体管基极电流也截止,此时 IGBT 相当于断开的开关。

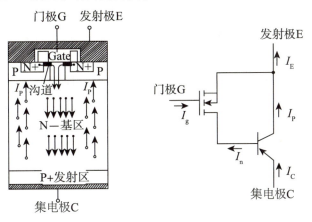

图 3-5-4　IGBT 内部结构和等效电路

(四) IGBT 开关应用的原理

IGBT 有 3 个接口,其中集电极、发射极连接在强电电路上,门极连接控制单元的输出引脚。当控制单元对门极输出一个高电平信号,集电极与发射极之间就处于导通状态,相当于闭合开关;当控制单元对门极输出一个低电平信号,集电极与发射极之间就处于截止状态,相当于断开开关。IGBT 开关控制电路如图 3-5-5 所示。

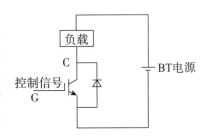

图 3-5-5　IGBT 开关控制电路

(五) IGBT 与场效应晶体管的区别

IGBT 与场效应晶体管类似,作用相当于"继电器",通过控制门极高低电平来控制集电极与发射极的导通或截止。场效应晶体管和 IGBT 都可以用高低电平信号来控制电路通断,但 IGBT 的优点是:在高电流高电压的环境下,IGBT 作为电子开关切换通断的速度是最快的,1 s 内可以开关几万次,更能满足汽车逆变器的工作要求。

(六) IGBT 在新能源汽车上的应用

IGBT 模块在电动汽车中发挥着至关重要的作用,是电动汽车及充电桩等设备的核心技术部件。在电动汽车中,电动驱动系统占整车成本的 15%~20%,而 IGBT 占电动机驱动系统的 50%,也就是说 IGBT 占整车成本的 7%~10%,是除电池之外成本第二高的元件,可以说决定了整车的能源效率。除此之外,IGBT 占直流充电桩中约 30% 的原材料成本。IGBT 主要应用于电动汽车领域中以下几个方面。

1.汽车电动机驱动控制系统

新能源汽车中电动机驱动系统的主要作用在于能量的转换,即从电池直流电转换到电动机交流电或者从电动机交流电转换到电池直流电,其中从直流电转到交流电称为逆变,且主要用到的功率器件就是 IGBT。

IGBT 作为功率转换器件,其实更常用于高压功率的转换。电动汽车在转换过程中,电池电压一般在 200 V 以上,过流能力在 300 A 以上,功率器件的击穿电压在 600~1 200 V 左右,开关频率在 20 kHz 以内,因此可通过 IGBT 来实现高压、大电流的操作。

2.车载空调控制系统

电动汽车车载空调的工作原理与电动驱动相同,即通过逆变器将高压电池的直流电转换成交流电后,驱动空调压缩机的电动机进行工作,其原理与电动机驱动相同,只是功率较小。而车载空调控制系统中击穿电压和额定电流的选定主要通过 IGBT 来实现。

3.充电桩

充电桩有直流和交流两种。以直流充电桩为例,其工作原理是充电桩一端与交流电网相连,交流电通过整流功率模块转换成直流电,流经电容稳压滤波器后通过 IGBT 功率模块逆变为高频交流电,最后通过变压器耦合及整流单元转换成不同的直流电压等级,为不同的电动汽车充电。

综上所述,无论是从功能还是成本方面,IGBT 在电动汽车领域中都发挥着越来越重要的作用。

五、任务实施

1.实施要求

教学组织

分组实训:全班_____人,每_____人一组,分为_____组,使用_____套实训器材。

职责分工

教师职责:课堂纪律与安全管理、实训器材管理、指导与巡查。

学生职责:班长协助教师对班级进行全面管理与监控,学习委员负责器材管理和检查,团支书负责安全、纪律及素质评价,副班长负责搜集和反馈学生意见,实训小组长负责指导组内学习和交流。

6S 要求

安全、整理、整顿、清洁、清扫、素养。

2.实施准备

(1)IGBT 管。

(2)指针式万用表。

(3)数字式万用表。

3.实施步骤

(1)探究 IGBT 管极性的测量方法。

判断极性,首先将指针式万用表拨在 R×1kΩ 挡,用万用表测量时,若某一极与其他两极阻值为无穷大,调换表笔后该极与其他两极的阻值仍为无穷大,则判断此极为栅极 G。其余两极再用万用表测量,若测得阻值为无穷大,调换表笔后测量阻值较小,则在测量阻值较小的一次中,红表笔接的为集电极 C,黑表笔接的为发射极 E。

根据 IGBT 管极性测量结果,填写表 3-5-1。

得分_____(评分规则:每项 10 分,共 40 分)。

表 3-5-1　IGBT 管极性测量结果

测试管型	测试结果(是否正确检测出极性)	
	栅极(G)的判别	集电极与发射极的判别
IGBT 管 1 管型(　　)		
IGBT 管 2 管型(　　)		

(2)探究如何检测判断 IGBT 管的好坏。

IGBT 管的好坏可用指针式万用表的 R×1kΩ 挡来检测,或用数字式万用表的"二极管"挡来测量 PN 结正向压降进行判断。检测前先将 IGBT 管三个引脚短路放电,避免影响检测的准确度;然后用指针式万用表的两支表笔正反测 G、E 两极及 G、C 两极的电阻。正常 G、C 两极与 G、E 两极间的正、反向电阻均为无穷大;内含阻尼二极管的 IGBT 管正常时,E、C 极间均有 4 kΩ 的正向电阻。最后用指针式万用表的红笔接 C 极,黑笔接 E 极,若所测值在 3.5 kΩ 左右,则所测管为含阻尼二极管的 IGBT 管,若所测值在 50 kΩ 左右,则所测 IGBT 管内不含阻尼二极管。对于数字式万用表,正常情况下,IGBT 管的 C、E 极间正向压降约为 0.5 V。综上所述,内含阻尼二极管的 IGBT 管检测,除红黑表笔连接 C、E 阻值较大,反接阻值较小外,其他连接检测的读数均为无穷大。测得 IGBT 管三个引脚间电阻均很小,则说明该管已击穿损坏,维修中 IGBT 管多为击穿损坏。若测得 IGBT 管三个引脚间电阻均为无穷大,说明该管已开路损坏。

根据 IGBT 管好坏测量结果,填写表 3-5-2。

得分_____(评分规则:每项 15 分,共 30 分)。

表 3-5-2　IGBT 管好坏测量结果

测试管型	测试结果(是否正确检测出好坏)
IGBT 管 1 管型(　　)	
IGBT 管 2 管型(　　)	

4.注意事项

由于 IGBT 为 MOSFET 结构,IGBT 的栅极通过一层氧化膜与发射极实现电隔离。由于此氧化膜很薄,其击穿电压一般仅能承受到 20~30 V,所以因静电而导致栅极击穿是 IGBT 失效的常见原因之一。因此,使用中要注意以下几点。

①在使用 IGBT 时,尽量不要用手触摸驱动端子部分,当必须触摸 IGBT 端子时,要先将人体或衣服上的静电用大电阻接地进行放电后再触摸;在用导电材料连接 IGBT 驱动端子时,在配线未接好之前先不要接上 IGBT,在良好接地的情况下操作。在应用中有时虽然保证了栅极驱动电压没有超过栅极最大额定电压,但栅极连线的寄生电感和栅极与集电极间的电容耦合,也会产生使氧化层损坏的振荡电压。为此,通常采用双绞线来传送驱动信号,以减少寄生电感。在栅极连线中串联小电阻也可以抑制振荡电压。

②在栅极发射极间开路时,若在集电极与发射极间加上电压,随着集电极电位的变化,由于集电极有漏电流流过,栅极电位升高,集电极则有电流流过。这时,如果集电极与发射极间存在高电压,则有可能使 IGBT 发热及至损坏。

③在使用 IGBT 的场合,当栅极回路不正常或栅极回路损坏时(栅极处于开路状态),若在主回路上加上电压,则 IGBT 就会损坏。为防止发生此类故障,应在栅极与发射极之间串接一个 10 kΩ 左右的电阻。

④在安装或更换 IGBT 时,应十分重视 IGBT 与散热片的接触面状态和拧紧程度。为了减少接触热阻,最好在散热器与 IGBT 间涂抹导热硅脂,安装时应受力均匀,避免用力过度而损坏。

⑤一般散热片底部安装有散热风扇,当散热风扇损坏,散热片散热不良时,将导致 IGBT 发热,从而发生故障。因此对散热风扇应定期进行检查,一般在散热片上靠近 IGBT 的地方安装有温度感应器,当温度过高时,报警或停止 IGBT 工作。

六、6S 检查

得分_____(评分规则:共 10 分)。

根据 6S 检查的完成情况,填写表 3-5-3。

表 3-5-3 6S 检查的完成情况

6S 检查待完成步骤	完成情况	
	是	否
清点实训设备(1分)		
检查设备是否完好(1分)		
清洁设备并归位(2分)		
整理实训工位(2分)		
整理实训工单(2分)		
职业习惯养成(2分)		

七、课后练习

得分_____(评分规则:每空 1 分,共 10 分)。

1.判断题

(1) IGBT是能源转换与传输的核心器件,是电力电子装置的"CPU"。　　　　　　(　)

(2) IGBT作为电子开关,1 s内可以开关几万次,更能满足汽车逆变器的工作要求。(　)

(3) IGBT有3个接口,其中门极、发射极连接在强电路上,集电极连接控制单元的输出引脚。　　　　　　　　　　　　　　　　　　　　　　　　　　　　　　(　)

(4) IGBT管的好坏可用指针式万用表的R×1kΩ挡来检测。　　　　　　　　　(　)

(5) 在使用IGBT模块时,尽量不要用手触摸驱动端子部分。　　　　　　　　　(　)

2.选择题(单选)

(1) IGBT是一种大功率的电力电子器件,是一个非通即断的开关,IGBT没有放大电压的功能,导通时可以看作_____,断开时当作_____。(　)

A.导线　开路　　　　　　　B.开路　导线　　　　　　　C.开路　短路

(2) IGBT占直流充电桩中约(　)的原材料成本。

A.50%　　　　　　　　　　B.30%　　　　　　　　　　C.60%

(3) IGBT管极性的测量方法判断极性,首先将指针式万用表拨在(　)Ω挡。

A. R×1　　　　　　　　　 B. R×10k　　　　　　　　 C. R×1k

(4) 电动汽车车载空调控制系统中击穿电压和额定电流的选定主要通过(　)来实现。

A. BJT　　　　　　　　　　B. IGBT　　　　　　　　　C. MOSFET

(5) IGBT的门极和发射极之间电压为(　)V,使得场效应晶体管处于截止状态。

A.10　　　　　　　　　　　B.5　　　　　　　　　　　C.0

八、评分汇总

根据各项目得分情况,填写表3-5-4。

表3-5-4　评分汇总

项　目	得　分
课前资讯(10分)	
任务实施(70分)	
6S检查(10分)	
课后习题(10分)	
总分(100分)	

项目四
新能源汽车控制器及传感器

学思课堂

> 在中华民族的发展历史长河中,爱国主义始终是激励民族自强不息的主旋律。我们社会中的每一个青年都应该做新时代的忠诚爱国者。在经济全球化浪潮的席卷下,难免会有西方发达国家的汽车品牌对中国汽车品牌造成一定冲击,在这种情况下,一些同学可能会产生片面认识,对国产汽车品牌、国产制造业产生一定程度上的不认可。但事实上,一个国家的汽车产业发展水平,反映着一个国家的装备制造水平,近些年中国的汽车工业,尤其是新能源汽车,已经取得了重大进步,我们对自主品牌汽车要拥有更多的信心,同时要以振兴民族品牌为己任,努力为中国成为未来全球汽车的领导者和主导者注入持久动力。

任务一 电磁继电器原理与应用

一、学习目标

(1)能够知道电磁继电器的原理及特性。
(2)能够了解高压直流继电器的主要分类方式。
(3)能够了解高压继电器在新能源汽车上的应用。
(4)正规使用测量仪器,养成良好的新能源汽车维修职业素养。

二、课前资讯

课前预习,完成以下判断题。得分_____(评分规则:每空2分,共10分)。

(1)电磁式继电器主要由电磁铁、衔铁、弹簧、动触点和静触点等组成。　　　　(　　)
(2)目前新能源汽车高压直流继电器应用最多的是真空型。　　　　　　　　　(　　)

(3)根据安全及相应的标准、法规要求,新能源汽车的动力电池与电动机、电气系统之间必须通过高压直流继电器隔离。(　　)
(4)高压直流继电器能根据要求可靠地进行接通与分断,并不能承载或隔离过电流。(　　)
(5)有极性的继电器,在安装过程中一定要严格遵守标注的正负极。(　　)

三、任务导入

新能源汽车一般采用高压电池组为电动汽车提供动力驱动,为保证电气系统正常通断,在电动汽车的电池系统和电动机控制器之间需配置高压直流继电器,在系统停止运行后起隔离作用,系统运行时起连接作用;当车辆关闭或发生故障时,能安全地将储能系统从车辆电气系统中分离出来,起到分断电路的作用。因此,高压直流继电器是新能源汽车关键安全器件,如果没有它,电动汽车将不能起动、行驶及停车。

四、知识准备

(一)电磁式继电器的结构与工作原理

1.电磁式继电器的原理及特性

电磁式继电器如图 4-1-1 所示,主要由电磁铁、衔铁、弹簧、动触点和静触点等组成。只要在线圈两端加上一定的电压,线圈中就会流过一定的电流,从而产生电磁效应,衔铁就会在电磁的吸力作用下克服返回弹簧的拉力从而吸向铁芯,带动衔铁的动触点与静触点(常开静触点)吸合。在线圈断电后,电磁的吸力也随之消失,衔铁就会在弹簧的反作用力下,返回原来的位置,使动触点与原来的静触点(常闭静触点)吸合。这样吸合、释放,从而达到了在电路中的导通、切断目的。对于继电器的常开、常闭静触点,可以这样来区分:继电器线圈未通电时处于断开状态的静触点称为常开静触点;处于接通状态的静触点称为常闭静触点。

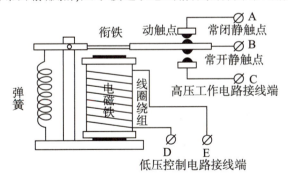

图 4-1-1　电磁继电器结构图

(二)高压直流继电器的主要分类方式

1.按应用类型分类

目前新能源汽车高压直流继电器应用最多的是真空型继电器和充气型继电器,高压直流继电器如图 4-1-2 所示。真空是理想的绝缘,由于高压电弧产生于绝缘介质的电离,而真空本身是没有介质的,因此在触点间有很好的隔离。完全的真空状态只是理想状态,实际会残留一些杂氧,杂氧在有电弧情况下和铜电极生成氧化铜,接触电阻增大,继电器有失效风险。目前主要是应用充气型继电器,充气型继电器灭弧的主要解决方案为充氢气和氮气。充纯氢气,加偏转磁铁辅助灭弧,相比抽真空及充氮气灭弧效果要好,氢气的绝缘性能好,难以电离。

图 4-1-2　高压直流继电器外形

2.按有无极性分类

有极性的继电器,在安装过程中一定要严格遵守标注的正负极,由于电池包以放电为主要使用过程,所以需要在放电时,继电器具有灭弧能力。如果反接,在回路发生异常需要切断时,可能导致烧毁或者爆炸。不是所有继电器触点都分正负极,只针对磁吹灭弧继电器,而磁场引力有一定方向,根据工艺,从正极引入电流,正是磁铁磁场与电弧磁场相吸作用,使电弧拉长远离触点变细变弱,从而灭弧;反之从负极引入电流,电流磁场与磁芯磁场的排异作用,将电弧推近触点,形成稳定的电弧,难以断开。目前所使用的 TE EVC500 型继电器及 TE EV200 型继电器均为环氧树脂密封,且有极性的产品。无极性产品安装不需要区分正负极。对于小电流继电器电弧功率小,易切断,就用不到磁芯,也就无正负极之分,体积也可做得更小,而采用其他工艺灭弧机制,也可做到无极性之分,但体积相对较大或过于消耗能源;而继电器是以轻量化、低消耗为宗旨。继电器内部结构如图 4-1-3 所示。

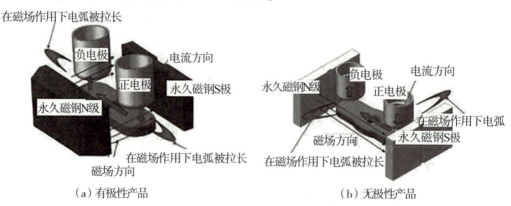

(a) 有极性产品　　　　　　　　　　　(b) 无极性产品

图 4-1-3　继电器内部结构

3.按密封方式分类

根据密封方式划分,可分为陶瓷密封型和环氧树脂密封型继电器,如图 4-1-4 所示。

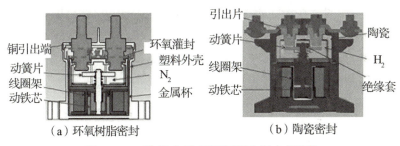

(a) 环氧树脂密封　　(b) 陶瓷密封

图 4-1-4　陶瓷密封、环氧树脂密封内部结构

(三) 高压继电器在新能源汽车上的应用

根据安全及相应的标准、法规要求,新能源汽车的动力电池与电动机、电气系统之间必须通过高压直流继电器隔离;高压直流继电器能根据要求可靠地进行接通与分断,迅速灭弧,并能承载或隔离过电流。高压直流继电器可安全断开电源主回路,断开高压大电流时产生的电弧,且电弧不外泄。根据车型及动力系统的不同,继电器在汽车上使用的数量及规模也存在较大差异。

平均而言,每台新能源汽车需配备 5~8 个高压直流继电器,即 2 个主继电器、1 个预充电继电器、2 个极速充电用继电器、2 个普通充电用继电器和 1 个高压电系统辅助机器用继电器,新能源汽车高压继电器分布图如图 4-1-5 所示。

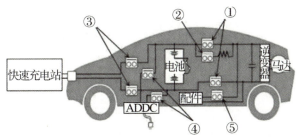

1—主继电器; 2—预充电继电器; 3—极速充电用继电器;
4—普通充电用继电器; 5—高压电系辅助机器用继电器

图 4-1-5　新能源汽车高压继电器分布图

(注:其中,混合动力汽车不存在极速、普通充电系统)

高压直流继电器作为新能源汽车中关键的安全器件,需具备耐高压、耐负载、抗冲击、灭弧能力强和分断能力强的基本功能。

1. 耐高压

新能源电动汽车的工作平台电压都较高,远高于传统汽车的 12 V 和 24 V,因此要求其配套的高压直流继电器能够承受较高的工作电压和高压带载中可靠的闭合与分断。

2. 耐负载能力强

新能源乘用车和大巴车的电动机额定功率一般为 30 kW 和 80 kW 以上,峰值达到 60 kW 和 160 kW 以上,按上述提到的电压平台来看,其电流将分别达到 200 A 和 300 A,在产品性能和成本的双重压力下,要求相同的体积下,产品的耐负载能力更强,同时还要具备额定负载电流数倍的瞬时过载能力;或者在相同的耐负载能力下,产品的体积越小越好。

3. 抗冲击

新能源汽车用高压直流继电器不仅要具备耐受较高的电压和承载足够电流的基本功能,还要能够抵抗闭合瞬间电容负载巨大电流的冲击,这个电流一般是负载额定电流的数倍至数十倍等,常规的继电器都无法承受这一瞬间电流的冲击,这个冲击电流的危害极易导致继电器触点粘连,使继电器触点分离失效,电源切断失控,严重时可造成车毁人亡等安全事故,危害极大。因此新能源车用的直流继电器产品应具有良好的抗冲击性能。

4. 灭弧能力强

电弧是继电器触点闭合与分断动作过程中不可避免的问题,它大大降低了继电器触点的使用寿命。采用一些特殊的快速灭弧手段降低电弧能量,减少对继电器触点的损害,延长产品的使用寿命。因此,灭弧能力强也是继电器需要具备的基本特点。

5. 分断能力强

汽车在运行过程中使用工况复杂,在紧急情况下,如电气系统短路时,回路中的瞬间电流骤升,此时要求继电器在极限大电流下能够顺利地切断电路,而不发生触点粘连或继电器爆炸等异常状况,防止电池短路起火或爆炸的安全危害,这就要求继电器触点具有良好的抗冲击和抗粘连的能力。

五、任务实施

1. 实施要求

教学组织

分组实训:全班_____人,每_____人一组,分为_____组,使用_____套实训器材。

职责分工

教师职责:课堂纪律与安全管理、实训器材管理、指导与巡查。

学生职责:班长协助教师对班级进行全面管理与监控,学习委员负责器材管理和检查,团支书负责安全、纪律及素质评价,副班长负责搜集和反馈学生意见,实训小组长负责指导组内学习和交流。

6S 要求

安全、整理、整顿、清洁、清扫、素养。

2. 实施准备

(1)继电器。

(2)万用表。

(3)电流表。

3. 实施步骤

(1)探究继电器主要产品技术参数。

①额定工作电压。

额定工作电压是指继电器正常工作时线圈所需要的电压。根据继电器的型号不同,可以是交流电压,也可以是直流电压。

②直流电阻。

直流电阻是指继电器中线圈的直流电阻,可以通过万用表测量。

③吸合电流。

吸合电流是指继电器能够产生吸合动作的最小电流。在正常使用时,给定的电流必须略大于吸合电流,这样继电器才能稳定地工作。而对于线圈所加的工作电压,一般不要超过额定工作电压的1.5倍,否则会产生较大的电流而把线圈烧毁。

④释放电流。

释放电流是指继电器产生释放动作的最大电流。当继电器吸合状态的电流减小到一定程度时,继电器就会恢复到未通电的释放状态。这时的电流远远小于吸合电流。

⑤触点切换电压和电流。

触点切换电压和电流是指继电器允许加载的电压和电流。它决定了继电器能控制电压和电流的大小,使用时不能超过此值,否则很容易损坏继电器的触点。

(2)探究继电器测试。

①测触点电阻。

用万用表的电阻挡,测量常闭静触点与动点电阻,其阻值应为0(用更加精确方式可测得触点阻值在100 mΩ以内);而常开静触点与动点的阻值就为无穷大。由此可以区别出哪个是常闭静触点,哪个是常开静触点。根据触点电阻测试结果,填写表4-1-1。

得分_____(评分规则:每项5分,共15分)。

表4-1-1 触点电阻测试结果

触点电阻测试	测量值	是否能区别常开、常闭触点
常闭静触点与动点电阻		
常开静触点与动点电阻		

②测线圈电阻。

可用万用表R×10Ω挡测量继电器线圈的阻值,从而判断该线圈是否存在着开路现象。根据线圈电阻测试结果,填写表4-1-2。

得分_____(评分规则:每项10分,共20分)。

表4-1-2 线圈电阻测试结果

测试项目	测量值	线圈是否存在开路现象
线圈电阻测试		

③测量吸合电压和吸合电流。

用可调稳压电源和电流表,给继电器输入一组电压,且在供电回路中串入电流表进行监测。慢慢调高电源电压,听到继电器吸合声时,记下该吸合电压和吸合电流。为求准确,可以多试几次后求平均值。根据吸合电压、电流测试结果,填写表4-1-3。

得分_____(评分规则:每项10分,共20分)。

表4-1-3 吸合电压、电流测试结果

测试项目	测量值(平均值)
吸合电压	
吸合电流	

④测量释放电压和释放电流。

也是像上述那样连接测试,在继电器发生吸合后,再逐渐降低供电电压,当听到继电器再次发出声音时,记下此时的电压和电流,亦可多尝试几次而取得平均的释放电压和释放电流。一般情况下,继电器的释放电压约为吸合电压的10%~50%,如果释放电压太小(小于1/10的吸合电压),则不能正常使用了,这样会对电路的稳定性造成威胁,工作不可靠。综上所述,根据释放电压、电流测试及判断结果,填写表4-1-4。

得分_____(评分规则:每项5分,共15分)。

表4-1-4 释放电压、电流测试及判断结果

测试项目	测量值(平均值)
释放电压	
释放电流	
判断是否能正常使用	

六、6S 检查

得分_____(评分规则:共10分)。

根据6S检查的完成情况,填写表4-1-5。

表4-1-5 6S检查的完成情况

6S检查待完成步骤	完成情况	
	是	否
检查设备是否完好(1分)		
清洁设备并归位(2分)		
整理实训工位(2分)		
整理实训工单(2分)		
职业习惯养成(2分)		

七、课后练习

得分_____（评分规则:每空 1 分,共 10 分）。

1.判断题

(1)高压直流继电器是新能源汽车关键安全器件,如果没有它,电动汽车将不能起动、行驶及停车。（ ）

(2)继电器线圈未通电时处于断开状态的静触点,称为常开静触点。（ ）

(3)目前主要是应用充气型继电器,充气型继电器灭弧的主要解决方案为充氪气和氮气。（ ）

(4)有极性继电器反接,在回路发生异常需要切断时,可能导致烧毁或者爆炸。（ ）

(5)高压直流继电器作为新能源汽车中关键的安全器件,需具备耐高压、耐负载、抗冲击、灭弧能力强和分断能力强的基本功能。（ ）

2.选择题(单选)

(1)继电器线圈未通电时,处于接通状态的静触点称为(   )。
A.常闭触点 B.常开触点 C.断开触点

(2)继电器充纯(   )气,加偏转磁铁辅助灭弧,相比抽真空及充氮气灭弧效果要好。
A.氖 B.氢 C.氩

(3)对于(   )继电器电弧功率小,易切断,就用不到磁芯,也就无正负极之分。
A.大电流 B.小电流 C.大小电流都可以

(4)对于线圈所加的工作电压,一般不要超过额定工作电压的(   )倍,否则会产生较大的电流而把线圈烧毁。
A. 2 B. 1.5 C. 3

(5)电弧是继电器触点闭合与分断动作过程中不可避免的问题,它大大降低了继电器触点的(   )。
A.使用寿命 B.分断能力 C.抗冲击能力

八、评分汇总

根据各项目得分情况,填写表 4-1-6。

表 4-1-6 评分汇总

项　　目	得　分
课前资讯(10 分)	
任务实施(70 分)	
6S 检查(10 分)	
课后习题(10 分)	
总分(100 分)	

任务二 磁电感应式传感器原理与应用

一、学习目标

(1) 掌握磁电感应式传感器的特点及应用。
(2) 了解电磁感应的原理与磁电式传感器工作原理。
(3) 使用示波器测量磁电感应传感器的输出波形,做出准确分析。
(4) 正确规范地使用实训板,养成良好的新能源汽车维修职业素养。

二、课前资讯

课前预习,完成以下判断题。得分_____(评分规则:每空 2 分,共 10 分)。

(1) 磁电感应式传感器是利用电磁感应原理制成的。 ( )
(2) 磁电感应式传感器是一种典型的有源传感器。 ( )
(3) 磁电感应式传感器常用于检测转速,输出车速信号。 ( )
(4) 磁电感应式传感器制造成本低,安装方便,在传统发动机汽车和新能源汽车中都广泛使用。 ( )
(5) 磁电感应式传感器输出的信号在控制器内部经过整形放大成数字信号。 ( )

三、任务导入

每个车轮上各安装一个磁电感应式传感器,把车轮的转动速度转换成传感器的输出信号。制动防抱死系统(Antilock Brake System,ABS)控制单元根据此信号,控制制动过程中各车轮的制动力大小,保证汽车制动方向的稳定性,防止发生侧滑和跑偏。

四、知识准备

(一)磁电感应式传感器的认知

磁电感应式传感器是利用电磁感应原理,将输入的运动速度转换成线圈中的感应电动势输出。它直接将被测物体的机械能量转换成电信号输出,工作不需要外加电源,是一种典型的无源传感器。由于这种传感器输出功率较大,所以大大地简化了配用的二次仪表电路。磁电式传感器有时也称作电动式或感应式传感器,它只适合进行动态测量。由于它有较大的输出功率,故配用电路较简单,零位及性能稳定。

在新能源汽车领域,磁电感应式传感器用于检测驱动电动机的转速,主要是依靠信号盘的铁齿感应线圈来产生输出信号。该传感器制造成本低,工作可靠,安装方便,在传统发动机汽车和新能源汽车中都广泛使用。

(二)磁电感应式传感器的工作原理

磁电感应式传感器的工作原理如图4-2-1所示,是利用磁场和导体发生相对运动而在导体两端产生感应电动势。磁力线穿过的路径为:永久磁铁N极—定子与转子间的气隙—转子凸齿—转子凸齿与定子磁头间的气隙—磁头—导磁板—永久磁铁S极。当信号转子旋转时,磁路中的气隙就会周期性地发生变化,磁路的磁阻和穿过信号线圈磁头的磁通量随之发生周期性变化。根据电磁感应原理,此时传感线圈中就会感应产生交变电动势。

由于转子凸齿与磁头间的气隙直接影响磁路的磁阻和传感线圈输出电压的高低,所以在使用中,转子凸齿与磁头间的气隙不能随意变动。气隙如有变化,必须按规定进行调整,气隙一般设计在0.2~0.4 mm范围内。

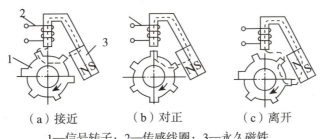

(a)接近　　(b)对正　　(c)离开
1—信号转子；2—传感线圈；3—永久磁铁
图4-2-1　磁电感应式传感器工作原理

(三)磁电感应式传感器在新能源汽车上的应用

磁电感应式传感器结构简单,运行过程无须供电。磁电感应式传感器信号处理示意图如图4-2-2所示。其输出的是交流电压信号,控制单元根据单位时间内电压脉冲的多少,计算出车轮的转速,从而间接测量出汽车的行驶速度。

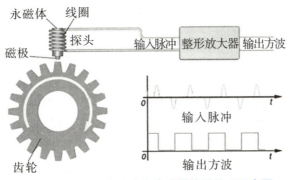

图4-2-2　磁电感应式传感器信号处理示意图

磁电感应式传感器检测电动机转子在运动过程中的位置,电动机转子转动过程中,转盘上的磁极周期性地划过检测线圈,从而在检测线圈附近产生周期性的磁场变化,即线圈两端产生周期性的感应电压。将转子磁钢磁极的位置信号转换成电信号,为逻辑开关电路提供正确的换相信号,控制单元根据线圈感应出的电流值和脉冲次数计算出电动机转子的磁极位置和转速信号,作为电动机的控制参考信号,以控制它们的导通与截止,使电动机电枢绕组中的电流随着转子位置的变化按次序换向,形成旋转磁场,驱动永磁转子连续不断地旋转。

五、任务实施

1.实施要求

教学组织

分组实训:全班____人,每____人一组,分为____组,使用____套实训器材。

职责分工

教师职责:课堂纪律与安全管理、实训器材管理、指导与巡查。

学生职责:班长协助教师对班级进行全面管理与监控,学习委员负责器材管理和检查,团支书负责安全、纪律及素质评价,副班长负责搜集和反馈学生意见,实训小组长负责指导组内学习和交流。

6S 要求

安全、整理、整顿、清洁、清扫、素养。

2.实施准备

(1)转动源。

(2)磁电感应式传感器。

(3)0~24 V 直流电源。

(4)频率/转速表。

(5)示波器。

3.实施步骤

(1)探究磁电感应式传感器的测速原理。

磁电感应式传感器是以电磁感应原理为基础,根据电磁感应定律,线圈两端的感应电动势正比于线圈所包围的磁通对时间的变化率,即

$$e = -\frac{d\Phi}{dt} = -N\frac{d\Phi}{dt}$$

其中:N 是线圈匝数;Φ 为线圈所包围的磁通量(本实验中当永磁磁钢接近传感器时,磁通量增加,反之,减小)。若线圈相对磁场运动速度为 v 或角速度 ω,则上式可改为 $e=-WBLv$ 或者 $e=-WBS\omega$,L 为每匝线圈的平均长度;B 为线圈所在磁场的磁感应强度;S 为每匝线圈的平均截面积。

①如图 4-2-3 所示,安装磁电感应式传感器,磁钢已经固定在转盘上。传感器底部距离转动源 4~5 mm(目测),磁电感应式传感器连至"双线接口"插座,再将底面板上"双线接口"的输出端接到频率/转速表。

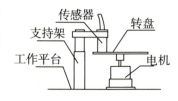

图 4-2-3　安装结构图

②将"0~24 V 可调稳压电源"与"转动源输入"相连,用数显电压表测量其电压值。

③打开实验台电源,调节直流稳压电源 0~24 V 驱动转动源(注意正负极,否则会烧坏电动

机),可以观察到转动源转速的变化,待转速稳定后(稳定时间约 1min),记录对应的转速,也可用示波器观测磁电感应式传感器输出的波形,根据磁电感应式传感器测速结果,填写表 4-2-1。

得分_____(评分规则:每项 6 分,共 42 分)。

表 4-2-1 磁电感应式传感器测速结果

电压/V	+6 V	+8 V	+10 V	+12 V	+14 V	+16 V	+18 V	+20 V
转速/(r·min^{-1})								

得分_____(评分规则:共 14 分)。

④分析磁电感应式传感器测量转速原理。

得分_____(评分规则:共 14 分)。

⑤根据记录的驱动电压和转速,作电压-转速曲线。

4.注意事项

(1)连接电路前,确认电源开关处于断开状态。

(2)接线无误后,检查导线安装是否牢靠。

六、6S 检查

得分_____(评分规则:共 10 分)。

根据 6S 检查的完成情况,填写表 4-2-2。

表 4-2-2 6S 检查的完成情况

| 6S 检查待完成步骤 | 完成情况 ||
	是	否
清点实训设备 (1 分)		

续表

6S 检查待完成步骤	完成情况	
	是	否
检查设备是否完好 (1分)		
清洁设备并归位 (2分)		
整理实训工位 (2分)		
整理实训工单 (2分)		
职业习惯养成 (2分)		

七、课后练习

得分 _____ (评分规则:每空1分,共10分)。

1.判断题

(1)磁电感应式传感器制造成本低,工作可靠,安装方便。　　　　　　　　　(　　)

(2)磁电感应式传感器在工作时,不需要额外电源供电。　　　　　　　　　　(　　)

(3)磁电感应式传感器信号无须进行放大输出。　　　　　　　　　　　　　　(　　)

(4)磁电感应式传感器利用电磁感应原理产生信号。　　　　　　　　　　　　(　　)

(5)磁电感应式传感器能检测电动机转子在运动过程中的位置。　　　　　　　(　　)

2.选择题(单选)

(1)磁电感应式传感器是将被测物体的机械能转变为(　　)输出。

A.电压信号　　　　　　　B.磁信号　　　　　　　C.电流信号

(2)磁电感应式传感器有时也称作电动式或感应式传感器,它只适合进行(　　)测量。

A.静态　　　　　　　　　B.动态　　　　　　　　C.以上都对

(3)磁电感应式传感器的优点是(　　)。

A.制造成本低　　　　　　B.工作可靠　　　　　　C.以上都对

(4)磁电感应式传感器是利用(　　)来测量物体转速的。

A.基尔霍夫定律　　　　　B.欧姆定律　　　　　　C.电磁感应定律

(5)磁电感应式传感器可以测出物体的(　　)。

A.转矩　　　　　　　　　B.转速　　　　　　　　C.转角

八、评分汇总

根据各项目得分情况,填写表4-2-3。

表 4-2-3　评分汇总

项　目	得　分
课前资讯(10 分)	
任务实施(70 分)	
6S 检查(10 分)	
课后习题(10 分)	
总分(100 分)	

任务三　霍尔传感器原理与应用

一、学习目标

(1)了解霍尔效应。
(2)掌握霍尔元件的原理与应用。
(3)掌握霍尔传感器的分类及工作原理。
(4)掌握霍尔传感器在新能源汽车上的应用。
(5)正确规范地使用实训板,养成良好的新能源汽车维修职业素养。

二、课前资讯

课前预习,完成以下判断题。得分_____(评分规则:每空 2 分,共 10 分)。

(1)半导体的霍尔效应比金属强得多。　　　　　　　　　　　　　　　(　)
(2)霍尔元件的壳体上用非导磁金属、陶瓷或环氧树脂封装。　　　　　(　)
(3)线性型霍尔传感器由霍尔元件、线性放大器和射极跟随器组成。　　(　)
(4)霍尔传感器属于无源器件。　　　　　　　　　　　　　　　　　　(　)
(5)高精度的霍尔电流传感器大多属于开环式。　　　　　　　　　　　(　)

三、任务导入

霍尔传感器在汽车工业中有着广泛的应用,包括动力、车身控制、牵引力控制及防抱死制动系统。为了满足不同系统的需要,霍尔传感器有开关式、模拟式和数字式传感器三种形式。随着汽车技术的发展,特别是新能源汽车的出现,传统接触式传感器的局限性越来越明显。霍尔传感器具备与被测对象无接触的优点,因此新能源汽车逐渐使用霍尔传感器来取代传统接触式传感器。

四、知识准备

(一)霍尔效应

霍尔效应在1879年被物理学家霍尔发现,是霍尔在研究金属的导电机制时发现的。后来发现半导体、导电流体等也有这种效应,而半导体的霍尔效应比金属强得多。利用这种现象制成的各种霍尔元件,广泛地应用于工业自动化技术、检测技术及信息处理等方面。它定义了磁场和感应电压之间的关系,这种效应和传统的电磁感应完全不同。

半导体薄片置于磁感应强度为B的磁场中,磁场方向垂直于薄片,当有电流I流过薄片时,在垂直于电流和磁场的方向上将产生电动势E_H,这种现象称为霍尔效应。当磁场垂直于薄片时,电子受到洛伦兹力的作用,向内侧(后侧)偏移,在半导体薄片前后方向的端面之间建立起霍尔电动势,霍尔效应原理图如图4-3-1所示。

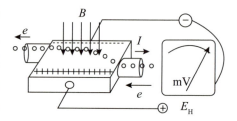

图4-3-1 霍尔效应原理图

(二)霍尔元件的认知

霍尔元件的外形如图4-3-2(a)所示,它是由霍尔片、4根引线和壳体组成。霍尔片是一块矩形半导体单晶薄片(一般为4 mm×2 mm×0.1 mm),在它的长度方向两端面上焊有a、b两根引线,称为控制电流端引线,通常用红色导线。其焊接处称为控制电流极(或称激励电流),要求焊接处接触电阻很小,并呈纯电阻,即欧姆接触(无PN结特性)。在薄片的另两侧端面的中间以点的形式对称地焊有c、d两根霍尔输出引线,通常用绿色导线。其焊接处称为霍尔电极,要求欧姆接触,且电极宽度与基片长度之比小于0.1,否则影响输出。霍尔元件的壳体上用非导磁金属、陶瓷或环氧树脂封装。图4-3-2(b)为霍尔元件结构示意图,图4-3-2(c)是霍尔元件符号。

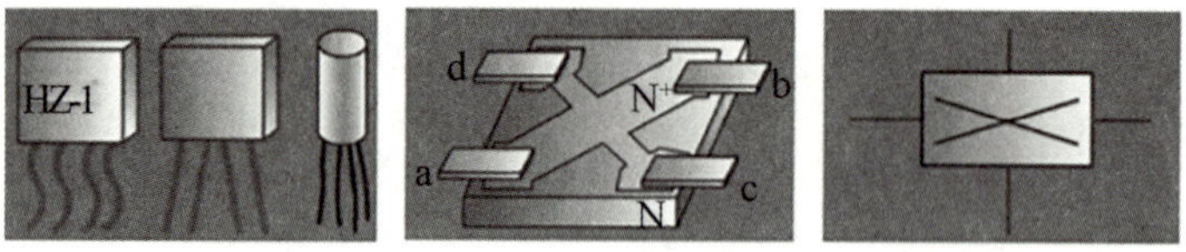

(a)霍尔元件的外形　　(b)霍尔元件结构示意图　　(c)霍尔元件符号

图4-3-2 霍尔元件

目前,最常用的霍尔元件材料是锗(Ge)、硅(Si)、锑化铟(InSb)、砷化铟(InAs)和不同比例亚砷酸铟、磷酸铟组成的ln型固熔体等半导体材料。值得一提的是,20世纪80年代末出现了一种新型霍尔元件——超晶格结构(砷化铝/砷化镓)的霍尔器件,它可以用来测微磁场。可以说,超晶格霍尔元件是霍尔元件一个质的飞跃。

(三)霍尔传感器的分类

霍尔效应多年前就已经被人们知道并理解,但基于霍尔效应的传感器在材料工艺获得重大进展前并不实用,直到出现了高强度的恒定磁体和工作于小电压输出的信号调节电路。根据设计和配置的不同,霍尔效应传感器可以作为开/关传感器和线性传感器,广泛应用于电力系统中。

(1)线性型霍尔传感器由霍尔元件、线性放大器和射极跟随器组成,它输出模拟信号。线性霍尔传感器又可分为开环式和闭环式。闭环式霍尔传感器又称零磁通霍尔传感器。线性霍尔传感器主要用于交直流电流和电压测量。

(2)开关型霍尔传感器由稳压器、霍尔元件、差分放大器,施密特触发器和输出极组成,它输出数字信号。开关型霍尔传感器还有一种特殊的形式,称为锁键型霍尔传感器。

(四)霍尔电流传感器的原理及在新能源汽车上的应用

霍尔电流传感器包括开环式和闭环式两种,高精度的霍尔电流传感器大多属于闭环式,闭环式霍尔电流传感器基于磁平衡式霍尔原理,即闭环原理,当原边电流 I_p 产生的磁通通过高品质磁芯集中在磁路中时,霍尔元件固定在气隙中检测磁通,通过绕在磁芯上的多匝线圈输出反向的补偿电流,用于抵消原边电流 I_p 产生的磁通,使得磁路中磁通始终保持为零。经过特殊电路的处理,传感器的输出端能够精确输出反映原边电流的电流变化。

1.开环式霍尔电流传感器工作原理

开环式霍尔电流传感器也称直放式霍尔电流传感器、直检式霍尔电流传感器等。

开环式霍尔电流传感器原理图如图4-3-3所示,其由磁芯、霍尔元件和放大电路构成。磁芯有一开口气隙,霍尔元件放置于气隙处。当原边导体流过电流时,在导体周围产生磁场强度与电流大小成正比的磁场,磁芯将磁力线集聚至气隙处,霍尔元件输出与气隙处磁感应强度成正比的电压信号,放大电路将该信号放大输出,该类传感器通常输出±10 V 左右的电压信号,也有部分传感器为了增强电磁兼容性,变换为电流信号输出。

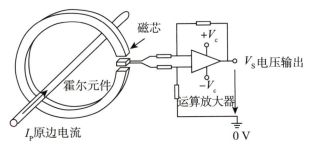

图4-3-3 开环式霍尔电流传感器原理图

2.闭环式霍尔电流传感器工作原理

闭环式霍尔电流传感器也称零磁通霍尔电流传感器、零磁通互感器、磁平衡式霍尔电流传感器等。

闭环式霍尔电流传感器原理图如图4-3-4所示,其包括磁芯、霍尔元件、运算放大电路和副边补偿绕组。与开环式霍尔电流传感器相比,闭环式霍尔电流传感器多了副边补偿绕组,正是副边补偿绕组,将闭环式霍尔电流传感器的性能进行了大幅度提升。

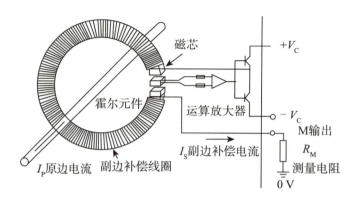

图 4-3-4 闭环式霍尔电流传感器原理图

磁平衡式电流传感器也称补偿式传感器,即原边电流 I_p 在聚磁环处所产生的磁场通过一个次级线圈电流所产生的磁场进行补偿,其补偿电流 I_s 精确地反映原边电流 I_p,从而使霍尔元件处于检测零磁通的工作状态。

具体工作过程为:当主回路有一电流通过时,在导线上产生的磁场被磁环聚集并感应到霍尔元件上,所产生的信号输出用于驱动功率管并使其导通,从而获得一个补偿电流 I_s。这一电流再通过多匝绕组产生磁场,该磁场与被测电流产生的磁场正好相反,因而补偿了原来的磁场,使霍尔元件的输出逐渐减小。当 I_p 与匝数相乘所产生的磁场相等时,I_s 不再增加,这时的霍尔元件起到指示零磁通的作用,此时可以通过 I_s 来测试 I_p。当 I_p 变化时,平衡受到破坏,霍尔元件有信号输出,即重复上述过程并重新达到平衡。被测电流的任何变化都会破坏这一平衡。一旦磁场失去平衡,霍尔元件就有信号输出。经功率放大后,立即就有相应的电流流过次级绕组以对失衡的磁场进行补偿。从磁场失衡到再次平衡,所需的时间理论上不到 1 μs,这是一个动态平衡的过程。因此,从宏观上看,次级的补偿电流安匝数在任何时间都与初级被测电流的安匝数相等。

3.霍尔电流传感器在新能源汽车上的应用

电流传感器在新能源汽车中的应用主要是蓄电池管理(所有汽车的类型),电动机驱动控制(混合动力汽车及低速电动汽车)两方面的应用。传感器主要对电流、电压、温度三个主要的测量参数进行检测控制。

新能源汽车中电流传感器主要的要求如下。

(1)紧凑的设计。传感器体积要小,为汽车整体设计方案节约空间。

(2)电流隔离(现在基本上国内和国外的产品都能达到这个要求)。

(3)测量范围宽。有利于市场应用产品的普及和推广。

(4)高可靠性和稳定性。保证整个系统可以长时间工作在稳定的状态,保证汽车对电流监控的准确性。

以新能源汽车高压母线电流检测为例,在汽车总电流测试时因为直流电流过大,需使用非接触测量的方法测量出电流大小,零磁通霍尔电流传感器如图 4-3-5 所示,其是常见选择,且此零磁通式霍尔电流传感器必须要有±15 V的供电直流电源才能工作。

图 4-3-5 零磁通式霍尔电流传感器

(五)霍尔位置传感器的原理及在新能源汽车上的应用

1.霍尔位置传感器的原理

霍尔位置传感器是由磁块和霍尔元件组成的。霍尔位置传感器组成如图 4-3-6 所示,霍尔元件放在磁导体的中间,磁场产生的磁力线可以穿过霍尔元件。磁块随着被测物体的运动而改变与霍尔元件的相对位置,此时磁力线穿过霍尔元件的角度就会发生变化,从而霍尔元件输出的电压也会产生相应的变化。

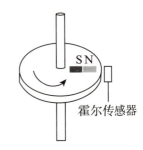

2.霍尔位置传感器在新能源汽车上的应用

图 4-3-6 霍尔位置传感器组成

霍尔位置传感器主要由磁铁和霍尔 IC 芯片组成。霍尔加速位置传感器的结构如图 4-3-7所示。霍尔 IC 芯片安装在加速踏板的轴心上固定不动,两个磁铁安装在加速踏板的旋转部件上,可随加速踏板一起动作。工作时,与加速踏板联动的永久磁铁随加速踏板的动作一起旋转,改变磁铁与霍尔元件之间的相对位置,从而改变了磁力线射入霍尔元件的角度,也就改变了霍尔元件输出的电压值。霍尔元件输出的电压值与加速踏板内的磁铁位置有一一对应的线性关系,霍尔元件的输出电压就可以反映加速踏板所处的位置。其主要作用是给控制单元提供两个信息:加速踏板的位置信号和加速踏板位置变化的速度,控制单元根据这两个信号来控制电动机的动力输出。

图 4-3-7 霍尔加速位置传感器的结构

(六)霍尔转速传感器的原理及在新能源汽车上的应用

1.霍尔转速传感器的原理

霍尔转速传感器由霍尔元件和磁性转盘组成,霍尔转速传感器如图 4-3-8 所示,磁性转盘与输出轴连接。当转轴旋转时,磁性转盘也随转轴1∶1地转动,因此固定在磁性转盘附近的霍尔元件能感应到磁场的交替变化。霍尔转速传感器是利用霍尔效应的原理制成的。霍尔效应是指在一个矩形半导体薄片上有一电流通过,此时如有一磁场也作用于该半导体材料上,则在垂直于电流方向的半导体两端,会产生一个很小的电压,该电压就称为霍尔电压。当磁性材料制成的传感器转子上的凸齿交替经过永久磁铁的空隙时,就会有一个变化的磁场作用于霍尔元件(半导体材料)上,使霍尔电压产生脉冲信号,通过计算单位时间内产生的脉冲数,可以间接计算出被测轴的转速。

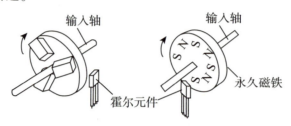

图 4-3-8　霍尔转速传感器

2.霍尔转速传感器在新能源汽车上的应用

大部分品牌的新能源汽车使用的是霍尔式转速传感器,该传感器安装在动力系统的输出轴上。该信号用于汽车仪表系统显示车速、用于巡航定速系统的车速反馈和制动过程中 ABS 控制制动力的分配等。

霍尔转速传感器的功能在于检测车轮的速度,并将速度信号输入到 ABS 的电控单元。霍尔转速传感器在车轮上的安装位置如图 4-3-9 所示,若汽车在刹车时车轮抱死,将产生危险。用霍尔转速传感器来检测车轮的转动状态有助于控制刹车力度的大小。

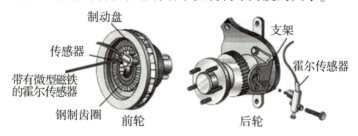

图 4-3-9　霍尔转速传感器在车轮上的安装位置

五、任务实施

1.实施要求

教学组织

分组实训:全班_____人,每_____人一组,分为_____组,使用_____套实训器材。

职责分工

教师职责:课堂纪律与安全管理、实训器材管理、指导与巡查。

学生职责:班长协助教师对班级进行全面管理与监控,学习委员负责器材管理和检查,团支书负责安全、纪律及素质评价,副班长负责搜集和反馈学生意见,实训小组长负责指导组内学习和交流。

6S 要求

安全、整理、整顿、清洁、清扫、素养。

2. 实施准备

(1)试验用霍尔元件。

(2)试验用霍尔传感器。

(3)直流电源。

(4)指针式万用表。

3. 实施步骤

(1)探究用万用表检测霍尔元件的方法。

①霍尔元件的规格和参数。霍尔元件原理图如图 4-3-10 所示。

霍尔电压 U_H 的基本关系为

$$U_H = (R_H/d)IB$$

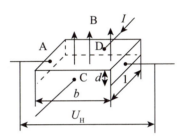

图 4-3-10　霍尔元件原理图

式中:R_H——霍尔系数;

I——通过的电流;

B——垂直于 I 的磁感应强度;

d——霍尔元件的厚度。

其中 R_H/d 称为霍尔元件的灵敏度,其单位是 mV/(mA·T)。

用半导体材料制成的霍尔元件具有对磁场敏感、结构简单可靠、成本低廉、体积小、频响应宽、输出电压变化大和使用寿命长等优点。其主要应用在以下几个方面:测量磁场、测量半导体特性、磁流体发电、电磁无损探伤、霍尔传感器等。

②霍尔元件的检测方法。

霍尔元件一般为四端元件,其基本电路图如图 4-3-11 所示。

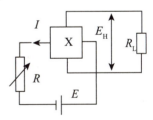

图 4-3-11　霍尔元件基本电路图

图中的"X"表示磁场的方向指向纸面,E 是直流电源,R 用来调节控制电流的大小,R_L 为负载电阻,电流的两端为输入端,其内阻为输入电阻,I 一般为几十至几百毫安,E_H 所接两端为输出端,其内阻为输出电阻。国产霍尔元件主要有 HZ、HT、HS 系列等。霍尔元件的规格和参数如表 4-3-1 所示。

表 4-3-1 霍尔元件的规格和参数

型号	外形尺寸 mm×mm×mm	输入电阻 Ω	输出电阻 Ω	灵敏度 mV/(mA·T)	控制电流 mA	工作温度 ℃
HZ-1	8×4×0.2	110	100	>12	20	-40~45
HZ-4	8×4×0.2	45	40	>4	50	-40~35
HT-1	6×3×0.2	0.8	0.5	>1.8	250	0~40
HS-1	8×4×0.2	1.2	1	>1	200	-40~50

检测方法:利用指针式万用表可以测量霍尔元件的输入和输出电阻,其测量输入、输出电阻如图 4-3-12 所示。

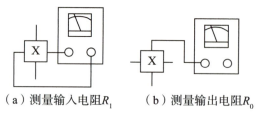

（a）测量输入电阻 R_1　　（b）测量输出电阻 R_0

图 4-3-12　测量输入、输出电阻

测量 HZ 系列应选用指针式万用表的 R×10Ω 挡,该挡测试电流比较合适,对于 HT 和 HS 系列用指针式万用表的 R×1Ω,所测的结果应与手册相符,如电阻为零或无穷大,说明元件已损坏。根据霍尔元件的规格和参数测量结果,填写表 4-3-2。

得分_____（评分规则:每项 2 分,共 24 分）。

表 4-3-2 霍尔元件的规格和参数测量

型号	输入电阻/Ω	输出电阻/Ω	元件检测情况(是否完好)
HZ-1			
HZ-4			
HT-1			
HS-1			

③霍尔元件估测灵敏度。

取两块万用表,按图 4-3-13 所示电路图接好电路。将表 1 拨至 R×10Ω 或 R×1Ω 挡(视控制电流大小而定),向霍尔元件提供控制电流 I,再将表 2 拨至直流 2.5 V 挡,测量霍尔电动势 E_H。用条形磁铁 N 极沿垂直方向移近霍尔元件的表面,直到观察到表的指针发生偏转。在同样的测试条件下,表 2 指针偏转的角度越大,说明霍尔元

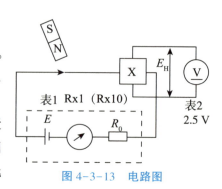

图 4-3-13　电路图

件的灵敏度越高。为提高霍尔电动势,还可将两只霍尔元件串联使用。

根据测得的霍尔电动势 E_H,估测霍尔元件灵敏度,填写表 4-3-3 电路图。

得分_____(评分规则:每项 3 分,共 24 分)。

表 4-3-3 霍尔元件灵敏度

型号	霍尔电动势 E_H	霍尔元件的灵敏度(高或低)
HZ-1		
HZ-4		
HT-1		
HS-1		

(2)探究用万用表检测霍尔传感器的方法。

①霍尔传感器的内部电路。

利用集成电路工艺将霍尔元件与测量电路集成在一起制成的器件,称为集成霍尔传感器。霍尔传感器具有体积小、灵敏度高、输出幅度大、温漂小、对电源稳定要求低等优点。霍尔传感器广泛用于电动机转速检测、智能电动测速、数控机床及电子开关电路中。霍尔传感器可分为线性型和开关型两大类,霍尔传感器内部电路如图 4-3-14 所示。

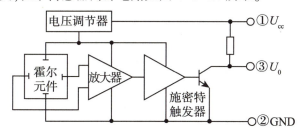

图 4-3-14 霍尔传感器内部电路图

霍尔传感器属于三端器件,U_{cc} 为正电源端,GND 为地端,U_0 为输出端。引脚定义(按照有型号标记的一面朝向自己):(左)电源正;(中)接地;(右)信号输出。其内部主要包括霍尔元件(亦称霍尔电动势发生器)、运算放大器、施密特触发器、集电极开路的晶体管 VT 和电压调整器等。电压调整器给霍尔元件、运算放大器和施密特触发器提供 3.4 V 的额定电源电压。霍尔元件能产生与外部磁场呈线性关系的霍尔电动势,先通过放大器放大,再经过施密特触发器整形,最后利用 VT 输出开关信号电压,获得边沿陡直的波形,以提高器件的抗干扰能力,防止发生误动作。

②开关型霍尔传感器的检测。

霍尔传感器检测电路图如图 4-3-15 所示,首先找一只 2 kΩ 的电阻 R,接于图示的①、③脚之间,并将 12 V 的直流电源的正极接于开关型霍尔传感器的①脚,负极接于②脚。将万用表置于直流 50 V 挡,红表笔接③脚,黑表笔接②脚,观察万用表的指针变化。当用磁铁 N 极接近传感器的测试点时,万用表的指针由高电平向低电平偏转;当磁铁的 N 极远离传感器的测试点时,万用表指针由低电平向高电平偏转。如果磁铁 N 极接近或远离传感器测试点时,万用表的指针均不偏转,则说明该传感器已损坏,应及时更换。

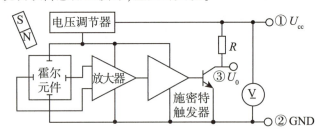

图 4-3-15　霍尔传感器检测电路图

③线性型霍尔传感器的检测。

线性型霍尔传感器检测电路图如图 4-3-16 所示,首先,将电阻 R_L 接于图示的②、③脚之间,并将 12 V 直流电源的正极接于线性霍尔传感器的①脚,负极接于线性传感器的②脚。将万用表置于直流 50 V 挡,万用表的红表笔接③脚,黑表笔接②脚,观察万用表的指针变化,当用磁铁 N 极逐渐接近传感器的测试点时,呈用表所测电压应呈线性变化,否则,说明该霍尔传感器已损坏,应及时更换。根据霍尔传感器的检测数据,填写表 4-3-4。

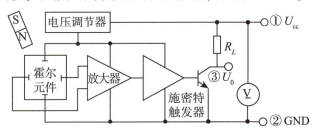

图 4-3-16　线性型霍尔传感器检测电路图

得分_____(评分规则:每项 11 分,共 22 分)。

表 4-3-4　霍尔传感器的检测

检测项目	是否能正确连完成检测项目
开关型霍尔传感器的检测	
线性型霍尔传感器的检测	

4.注意事项

(1)估测灵敏度时,霍尔元件的输入、输出引线不得接反。

(2)霍尔传感器检测时霍尔器件有型号标记的一面为敏感面,应正对永久磁铁的相应磁极,即 N 型器件正对 N 极,S 型器件正对 S 极。否则器件的灵敏度大大降低,甚至无法工作。

六、6S 检查

得分_____(评分规则:共 10 分)。

根据6S检查的完成情况，填写表4-3-5。

表4-3-5 6S检查的完成情况

6S检查待完成步骤	完成情况	
	是	否
清点实训设备(1分)		
检查设备是否完好(1分)		
清洁设备并归位(2分)		
整理实训工位(2分)		
整理实训工单(2分)		
职业习惯养成(2分)		

七、课后练习

得分_____（评分规则：每空1分，共10分）。

1.判断题

(1)开关型霍尔传感器输出数字信号。　　　　　　　　　　　　　　　　(　)

(2)霍尔传感器具有体积小，灵敏度高，输出幅度大，对电源稳定要求低等优点。(　)

(3)电流传感器在新能源汽车中的应用主要是蓄电池管理。　　　　　　　(　)

(4)霍尔转速传感器是通过在一定单位时间内产生的脉冲电压数目计算转速的。(　)

(5)霍尔位置传感器主要由磁铁和霍尔IC芯片组成。　　　　　　　　　　(　)

2.选择题（单选）

(1)置于磁场中的导体，如果电流方向与磁场方向垂直，则垂直于电流和磁场方向会产生一个电压，这个现象称为(　　)。

  A.电流效应　　　　　　　B.霍尔效应　　　　　　　C.磁场效应

(2)改变(　　)与霍尔元件的位置，霍尔元件输出的电压就会改变。

  A.磁铁　　　　　　　　　B.铜块　　　　　　　　　C.铁块

(3)霍尔传感器可分为_____和_____两大类。(　　)

  A.电磁性 电子型　　　　　B.线性型 开关型　　　　　C.电压型 电流型

(4)(　　)霍尔电流传感器也称零磁通霍尔电流传感器、零磁通互感器、磁平衡式霍尔电流传感器等。

  A.电压式　　　　　　　　B.开环式　　　　　　　　C.闭环式

(5)霍尔元件估测灵敏度时取两块万用表接好电路。将表1拨至R×10Ω或R×1Ω挡，视(　　)大小而定。

  A.磁场强弱　　　　　　　B.控制电压　　　　　　　C.控制电流

八、评分汇总

根据各项目得分情况,填写表 4-3-6。

表 4-3-6 评分汇总

项 目	得 分
课前资讯(10 分)	
任务实施(70 分)	
6S 检查(10 分)	
课后习题(10 分)	
总分(100 分)	

任务四 热敏电阻原理与应用

一、学习目标

(1)了解什么是热敏电阻。
(2)掌握使用万用表对热敏电阻进行检测的方法。
(3)了解负的温度系数(Negative Temperature Coefficient,NTC)与正的温度系数(Positive Temperature Coefficient,PTC)在新能源汽车上的应用。
(4)正规使用测量仪器,养成良好的新能源汽车维修职业素养。

二、课前资讯

课前预习,完成以下判断题。得分_____(评分规则:每空 2 分,共 10 分)。

(1)PTC 是缩写,意思是正的温度系数。 ( )
(2)标称电阻是热敏电阻在 25℃时的阻值。大小与热敏电阻材料和几何尺寸无关。( )
(3)功率型 NTC 热敏电阻多用于开启电源时抑制浪涌电流。 ( )
(4)NTC 温度传感器在新能源汽车电池组中的应用越来越广泛。 ( )
(5)PTC 的工作特点:常温下阻抗特别低、体积小,可广泛应用于各种电路和电器的过流保护。 ( )

三、任务导入

温度是物体冷热程度的物理量,热敏式传感器是一种将温度变化转换为电参数变化的传感器。热敏电阻器按照温度系数不同分为正温度系数热敏电阻器(PTC)和负温度系数热敏电阻器(NTC)。一般来说,新能源汽车采暖系统利用 PTC 作为发热源,NTC 作为温度传感器。

四、知识准备

(一) 热敏电阻的认知

1. 热敏电阻的分类

热敏电阻的特点是对温度的变化敏感,并且处于不同的温度表现出不同的阻值大小、工作温度范围、体积。按照温度系数的不同可以分为:正温度系数热敏电阻器(PTC)、负温度系数热敏电阻器(NTC)和临界温度热敏电阻(Critical Temperature Resistor,CTR)三类,热敏电阻如图 4-4-1 所示。其中正温度系数的热敏电阻器(PTC)随着温度的升高,电阻值随着变大;与之相反,负温度系数热敏电阻器(NTC)随着温度的升高,电阻值随着变小。临界温度系数电阻的阻值在临界温度附近时基本为零。

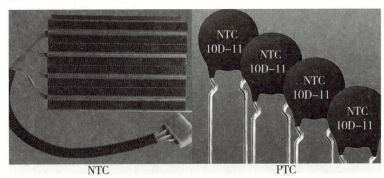

图 4-4-1 热敏电阻

2. 热敏电阻的特点

(1) 灵敏度高。通常温度变化 1 ℃,阻值变化约 1%~6%,电阻温度系数的范围甚宽,绝对值是一般金属电阻的 10~100 倍。

(2) 材料加工容易、性能好。

(3) 阻值在 1 Ω~10 MΩ 之间可供自由选择,使用方便。

(4) 稳定性好。

(5) 原料资源丰富,价格低廉。

(6) 其主要缺点是其阻值与温度变化呈非线性关系,原件稳定性和互换性较差。

3. 热敏电阻的基本参数

(1) 标称电阻 R_{25}(冷阻)。

标称电阻是热敏电阻在 25 ℃ 时的阻值。标称电阻大小由热敏电阻材料和几何尺寸决定。

(2) 材料常数 BN。

材料常数是表征负温度系数(NTC)材料的物理特性常数。BN 值决定于材料的激活能 ΔE,BN 值随温度升高略有增加。

(3) 电阻温度系数 α_t(%/℃)。

电阻温度系数是热敏电阻的温度变化 1 ℃ 时导体电阻阻值变化率与原来电阻值之比。

(4)耗散系数。

耗散系数是热敏电阻器温度变化 1 ℃所耗散的功率。其大小与热敏电阻的结构、形状及所处介质的种类、状态等有关。

(5)时间常数 τ。

在零功率测量状态下,当环境温度突变时电阻器的温度变化量从开始到最终变量的63.2%所需的时间。时间常数表征热敏电阻加热或冷却的速度。

(6)最高工作温度 T_{max}。

最高工作温度是热敏电阻在规定的技术条件下长期连续工作所允许的最高温度。

(7)额定功率 P_E。

额定功率是热敏电阻器在规定的条件下,长期连续负荷工作所允许的消耗功率。在此功率下,它自身温度不应超过 T_{max}。

(8)测量功率 P_0。

测量功率是热敏电阻器在规定的环境温度下,受到测量电流加热而引起的电阻值变化不超过 0.1%时所消耗的功率。

(二)NTC 的认知

NTC(Negative Temperature Coefficient)是指随温度上升电阻呈指数关系减小、具有负温度系数的热敏电阻现象和材料。该材料是利用锰、铜、钴、铁、镍、锌等两种或两种以上的金属氧化物通过充分混合、成型、烧结等工艺制成的半导体陶瓷,可制成具有负温度系数(NTC)的热敏电阻。其电阻率和材料常数随材料成分比例、烧结气氛、烧结温度和结构状态不同而变化。现在还出现了以碳化硅、硒化锡、氮化钽等为代表的非氧化物系 NTC 热敏电阻材料。

NTC 热敏电阻器的发展经历了漫长的阶段。1834 年,科学家首次发现了硫化银有负温度系数的特性。1930 年,科学家发现氧化亚铜和氧化铜也具有负温度系数的性能,并将之成功地运用在航空仪器的温度补偿电路中。随后,由于晶体管技术的不断发展,热敏电阻器的研究取得重大进展。1960 年研制出了 NTC 热敏电阻器。NTC 热敏电阻器广泛用于测温、控温、温度补偿等方面。

功率型 NTC 热敏电阻多用于开启电源时抑制浪涌电流。抑制浪涌电流所用的 NTC 热敏电阻器,是一种大功率的圆片式热敏电阻器,常用于有电容器、加热器和马达起动的电子电路中。在电路电源接通瞬间,电路中会产生比正常工作时高出许多倍的浪涌电流,而 NTC 热敏电阻器的初始阻值较大,可以抑制电路中过大的电流,从而保护其电源电路及负载。当电路进入正常工作状态时,热敏电阻器由于通过电流而引起阻体温度上升,电阻值下降至很小,不会影响电路的正常工作。

(三)NTC 在新能源汽车上的应用

NTC 温度传感器在新能源汽车电池组中的应用越来越广泛,随着全球节能减耗,环保意识的不断加强,当前,"节能减排"是全球产业发展的主要方向之一,这一方面是指需要继续研发内燃机发动机的"节能减排"技术,另一方面则是指需要加强新能源汽车的开发。其中,新型混合动力/纯电动汽车是主打方向。新型电动汽车是以电动机驱动为主,汽油/柴油驱动为辅的混合动力系统。其中用到的传感器主要包括检测电池温度的传感器、电动机温度的传感器,以及用于电池冷却系统的热敏电阻温度传感器等。

新型电动汽车/混合动力汽车的一个基本元件就是电动机(俗称马达)。为了保证马达的长寿命和发挥它的最佳性能,电动马达的温度也需要持续受到监控,尽可能精确地在温度低于140℃的范围内工作,因而确定定子绕组的温度也是至关重要的,这是使马达可以在免受过热风险的情况下充分利用全部优势的唯一方法。为了测量定子的温度,还要求传感器应便于安装,且要确保传感器在安装和操作过程中免受机械压力的影响及具有高介电强度,后者可防止驱动器电流电路到测量电流电路之间产生飞弧现象。

由 NTC 热敏芯片作为核心部件,采取双层封装形式构成的 NTC 温度传感器应用于电动机中,其在电路中起到将温度的变量转化成所需的电子信号的作用。

NTC 温度传感器在电动机内要求持续高温环境,且响应速度快的特点,这对 NTC 热敏电阻提出新的要求:具有高可靠性(冷热冲击性能优越),热时间常数小(响应速度快)。

(四) PTC 的认知

PTC(Positive Temperature Coefficient),意思是正温度系数,指正温度系数很大的半导体材料或元器件。通常提到的 PTC 是指正温度系数热敏电阻,简称 PTC 热敏电阻。它具有电阻值随温度升高而增大的特性。1955 年,荷兰菲利浦公司的海曼等人发现在 $BaTiO_3$ 陶瓷中加入微量的稀土元素后,其室温电阻率大幅度下降,在某一很窄的温度范围内其电阻值可以升高三个数量级以上,使海曼等人首先发现了 PTC 材料的特性。此后几十年来,人们对 PTC 材料的研究取得了重大的突破,PTC 材料的理论日趋成熟,应用范围也不断扩大。

PTC 热敏电阻是一种典型的具有温度敏感性的半导体电阻,超过一定的温度(居里温度)时,它的电阻值随着温度的升高呈阶跃性的增高。陶瓷 PTC 是由钛酸钡(或锶、铅)为主成分,添加少量稀土(Y、Nb、Bi、Sb)、受主元素(Mn、Fe),以及玻璃(氧化硅、氧化铝)等添加剂,经过烧结而成的半导体陶瓷。陶瓷 PTC 在居里温度以下具有小电阻,居里温度以上电阻阶跃性增加 1 000 倍~1 000 000 倍。

PTC 热敏电阻的工作特点:常温下阻抗特别低、体积小,可广泛应用于各种电路和电器的过流保护,并可分线安装,最大限度地保护每一条线路的安全使用,弥补了过去集中保护电路的缺陷,与传统使用的保险丝、陶瓷 PTC 材料、金属片等过流保护器件相比,该器件特点如下。

(1)对过载电流反应迅速,性能稳定可靠。

(2)耐冲击力强,使用寿命长。

(3)无极性,交直流都可用。

(4)可自动恢复。

(5)最大工作电流可达数十安培。

(6)体积小,可根据客户需要,加工生产各种不同形状、规格的产品。

(7)使用广泛,可用于电动机、机动车电路、音响设备、通信设备、仪器仪表、电池组件、工业控制系统、计算机外围设备等。

(五)PTC 在新能源汽车上的应用

新能源汽车是离不开 PTC 加热元件的。PTC 是一种正温度系数的热敏电阻,温度低的时候电阻小,发热迅速,温度上升后阻值逐渐增加,功率降低,因此具备自动恒温的功能。PTC 不仅热效率高,而且安全系数也很高。因此,PTC 加热器应用范围特别广泛,几乎所有加热保温的场合上都能看到 PTC 的影子。

在传统的内燃机上,一般将冷却液作为热源引入车内的热交换中,并用鼓风机将加热的空气从出风口直接吹入车内,PTC 空调加热如图4-4-2所示。在新能源车型中,由于电动机和电池取代了内燃机,所以采用了新的供暖方式,也就是 PTC 供暖,将原有的暖风水芯替换为 PTC 装置。其工作原理比较简单,就是使电流通过电阻产生热量(电流热效应)而达到供暖的目的,其电阻通常由半导体材质制成,电阻越大,其功率也就越大,单位时间内产生的热量也就越多,并具有节能、恒温、安全等特点。

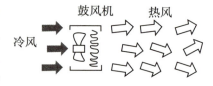

图4-4-2　PTC 空调加热

PTC 除了用来取暖之外,还用来为电池加温。在低温环境下,电池不仅放电容量降低,而且充电效率也特别低,甚至充不进去电。因此冬季充电之前要为电池加温。利用充电枪的电能为电池加温,电池温度上升后充电速度变快。

五、任务实施

1.实施要求

教学组织

分组实训:全班_____人,每_____人一组,分为_____组,使用_____套实训器材。

职责分工

教师职责:课堂纪律与安全管理、实训器材管理、指导与巡查。

学生职责:班长协助教师对班级进行全面管理与监控,学习委员负责器材管理和检查,团支书负责安全、纪律及素质评价,副班长负责搜集和反馈学生意见,实训小组长负责指导组内学习和交流。

6S 要求

安全、整理、整顿、清洁、清扫、素养。

2.实施准备

(1)热敏电阻。

(2)万用表。

(3)电烙铁。

3. 实施步骤

热敏电阻器大多为直热式，即热源是由电阻器本身通过电流时发热而获取的。此外还有旁热式，需外加热源。常见的热敏电阻器有圆形、垫圈形、管形等，常见热敏电阻外形如图4-4-3所示。

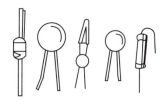

图 4-4-3　常见热敏电阻外形

目前应用最广泛的是负温度系数热敏电阻器（NTC），它又可分为测温型、稳压型、普通型。其种类很多且形状各异，常见的有管状、圆片形等。国产 MTC 产品有 MF51～MF57（用于温度检测）、MF11～MF17（用于温度补偿、温度控制）、MF21～MF22（用于电路稳压）、MF31（用于微波功率测量）等系列。

正温度系数敏电阻器（PTC）的应用范围越来越广，除用于温度控制和温度测量电路外，还大量应用于彩色电视机的消磁电路及电冰箱、电驱蚊器、电熨斗等家用电器电路中。国产 PTC 产品有 MZ41～MZ42（用于吹风机、驱蚊器、卷发器等）、MZ01～MZ04（用于电冰箱的压缩机起动电路）、MZ71～MZ75（用于彩色电视机的消磁电路）、MZ61～MZ63（用于电动机过热保护）、MZ2A～MZ2D（用于限流电路）等系列。

热敏电阻标称阻值是在温度为 25℃ 的条件下，用专用仪器测得的。在其余条件下，也可用万用表电阻挡进行检测，但万用表检测时由于工作电流较大而形成热效应，往往使测得的数值与标称阻值不相符。如果只要求粗测热敏电阻的阻值，以判断其类型和能否正常工作，则可用万用表按以下方法进行检测。

(1) 探究正温度系数热敏电阻（PTC）的检测方法。

①常温检测。将万用表指针指向电阻挡，两表笔接触热敏电阻两引脚，万用表读数为被测热敏电阻常温下（室内温度接近 25 ℃）的阻值，如图 4-4-4(a) 所示。用万用表 R×1kΩ 挡，测出其实际阻值，并与标称阻值相对比，二者相差在 ±2 Ω 内即为正常。实际阻值若与标称阻值相差过大，则说明其性能不良或已损坏。若读数为零或无穷大，则说明热敏电阻已损坏。

根据正温度系数热敏电阻的常温检测结果，填写表 4-4-1。

得分＿＿＿＿（评分规则：每项 4 分，共 16 分）。

表 4-4-1　正温度系数热敏电阻的常温检测结果

测量项目	电阻测量值	热敏电阻好坏
PTC 热敏电阻 1		
PTC 热敏电阻 2		

②加温检测。在常温测试正常的基础上，将热源靠近热敏电阻，如图 4-4-4(b) 所示，例如，电烙铁靠近 PTC 热敏电阻对其加热，同时用万用表监测其电阻值是否随温度的升高而增大，如是，则说明热敏电阻正常，若阻值无变化，则说明其性能变劣，不能继续使用。注意不要使热源与 PTC 热敏电阻靠得过近或直接接触热敏电阻，以防止将其烫坏。

根据正温度系数热敏电阻的加温检测结果，填写表 4-4-2。

得分 _____（评分规则：每项 4 分，共 24 分）。

表 4-4-2　正温度系数热敏电阻的加温检测结果

测量项目	热源靠近时电阻测量值	电阻值是否随温度的升高而增大	热敏电阻好坏
PTC 热敏电阻 1			
PTC 热敏电阻 2			

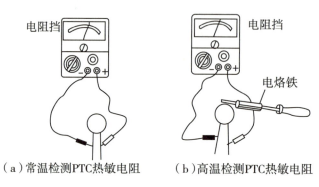

图 4-4-4　PTC 热敏电阻检测

③低温检测。用万用表夹住热敏电阻两引脚，将热敏电阻放入电冰箱内，测得正温度系数热敏电阻的阻值，用万用表监测其电阻值是否比常温阻值明显下降。如是，则说明热敏电阻正常，若阻值无变化，则说明其性能不良，不能继续使用。

根据正温度系数热敏电阻的低温检测结果，填写表 4-4-3。

得分 _____（评分规则：每项 3 分，共 18 分）。

表 4-4-3　正温度系数热敏电阻的低温检测结果

测量项目	放入冰箱内电阻测量值	电阻值是否随温度的降低而下降	热敏电阻好坏
PTC 热敏电阻 1			
PTC 热敏电阻 2			

（2）探究负温度系数热敏电阻（NTC）的检测方法。

①测量标称电阻值 R_t：用万用表测量 NTC 热敏电阻的方法与测量普通固定电阻的方法相同，即根据 NTC 热敏电阻的标称阻值选择合适的电阻挡可直接测出 R_t 的实际值。在正确选用电阻挡的前提下，若读数为零或无穷大，则说明热敏电阻已损坏。但因 NTC 热敏电阻对温度很敏感，故测试时应注意以下几点：

a. R_t 是生产厂家在环境温度为 25 ℃时所测得的，所以用万用表测量 R_t 时，亦应在环境温度接近 25 ℃时进行，以保证测试的可信度。

b.测量功率不得超过规定值,以免电流热效应引起测量误差。

c.注意正确操作。测试时,不要用手捏住热敏电阻体,以防止人体温度对测量结果产生影响。

根据负温度系数热敏电阻的检测结果,填写表4-4-4。

得分_____(评分规则:每项3分,共12分)。

表4-4-4 负温度系数热敏电阻的检测

测量项目	电阻测量值	热敏电阻好坏
NTC热敏电阻1		
NTC热敏电阻2		

4.注意事项

(1)当体温高于环境温度时,不要用手捏住热敏电阻,以免影响测量结果。

(2)每次检测PTC热敏电阻应在其温度降到室温后进行。

六、6S检查

根据6S检查的完成情况,填写表4-4-5。

得分_____(评分规则:共10分)。

表4-4-5 6S检查的完成情况

6S检查待完成步骤	完成情况	
	是	否
清点实训设备(1分)		
检查设备是否完好(1分)		
清洁设备并归位(2分)		
整理实训工位(2分)		
整理实训工单(2分)		
职业习惯养成(2分)		

七、课后练习

得分_____(评分规则:每空1分,共10分)。

1.判断题

(1)正温度系数的热敏电阻器(PTC)随着温度的升高,电阻值跟随着变大。( )

(2)NTC热敏电阻器广泛用于测温、控温、温度补偿等方面。( )

(3)NTC温度传感器在电动机内要求持续高温环境,且具有响应速度快的特点。( )

(4)PTC除了用来取暖之外,还用来为电池加温。（   ）

(5)测试负温度系数电阻时,用手捏住热敏电阻体,人体温度对测试不产生影响。（   ）

2.选择题(单选)

(1)抑制浪涌用(   )热敏电阻器,是一种大功率的圆片式热敏电阻器,常用于有电容器、加热器和马达起动的电子电路中。

　　A. CTR　　　　　　　　B. PTC　　　　　　　　C. NTC

(2)(   )热敏电阻是一种典型的具有温度敏感性的半导体电阻,超过一定的温度(居里温度)时,它的电阻值随着温度的升高呈阶跃性的增高。

　　A. CTR　　　　　　　　B. PTC　　　　　　　　C. NTC

(3)PTC具有(   )的特点。

　　A. 对过载电流反应迅速,性能稳定可靠

　　B. 耐冲击力强,使用寿命长

　　C. 以上都对

(4)热敏电阻标称阻值是在温度为(   )的条件下,用专用仪器测得的。

　　A. 25℃　　　　　　　　B. 30℃　　　　　　　　C. 35℃

(5)正温度系数热敏电阻(PTC)的检测时选用(   )挡。

　　A. R×1Ω　　　　　　　B. R×10Ω　　　　　　　C. R×1kΩ

八、评分汇总

根据各项目得分情况,填写表4-3-6。

表4-3-6　评分汇总

项　目	得　分
课前资讯(10分)	
任务实施(70分)	
6S检查(10分)	
课后习题(10分)	
总分(100分)	

项目五

新能源汽车电力拖动与控制

学思课堂

> 工匠精神是一种劳动精神,是从业者对自己职业的价值取向和行为表现。工匠精神具体表现在追求卓越、实现完美、精益求精上,表现在工匠对自己产品细节的高要求,对自己作品品质的高追求。我们中国从来就不缺少工匠精神,而对同学们来讲,更重要的是学习与传承。同学们要把自己的职业当成一种信仰,在拜师求艺中孜孜不倦,虚怀若谷;在动手操作中,严格要求,专心致志;在服务人民中注重品质,全心全意。只有做到这些,最终才能成为一个对国家有用,被社会所认可的"能工巧匠"。

任务一 新能源汽车驱动电动机的认知

一、学习目标

(1)了解新能源汽车驱动电动机。
(2)掌握电动汽车对驱动电动机的特性要求。
(3)了解电动汽车驱动电动机的分类。
(4)掌握新能源汽车驱动电动机的选型。

二、课前资讯

课前预习,完成以下判断题。得分_____(**评分规则:每空2分,共10分**)。

(1)新能源汽车具有环保、节能、结构简单三大优势。　　　　　　　　　(　　)
(2)控制器选择恰当时,驱动系统的性能取决于电动机。　　　　　　　　(　　)
(3)与传统工业驱动电动机不同,电动汽车的驱动电动机系统通常要求能够频繁地起动/制动、加速/减速、低速/爬坡时要求高转矩。　　　　　　　　　　　　　　(　　)

(4)汽车电动机可以在相当宽广的转速范围内高效地产生转矩。　　　　（　）

(5)驱动电动机可分为两大类:换向器(又称电刷)电动机和无换向器电动机。（　）

三、任务导入

新能源汽车驱动系统包括能源、电动机和控制器。控制器主要由功率模块(电源的电子开关线路)和控制模块(包括微处理器和相应软件)组成。控制器的作用是将动力源的电能转变为适合于电动机运行的另一种形式的电能,因此控制器本质上是一个电能变换控制装置。控制器选择恰当时,驱动系统的性能取决于电动机。

四、知识准备

(一)新能源汽车驱动电动机基础认知

新能源汽车的核心部件:电池、电动机、电控系统,其安装位置如图5-1-1所示。

图5-1-1　新能源汽车的核心部件安装位置

驱动电动机及其控制系统未来发展前景最可观。新能源汽车具有环保、节能、结构简单三大优势。这在纯电动汽车上体现得尤为明显:以电动机代替燃油机,由电动机驱动而不需要自动变速箱。相对于自动变速箱,电动机结构简单、技术成熟、运行可靠。要使电动汽车具有良好的使用性能,驱动电动机应具有较宽的调速范围及较高的转速,足够大的起动转矩,还要体积小、质量轻、效率高,动态制动性强,并具有能量回馈的性能。

电动汽车中的燃料电池汽车(Fuel Cell Electric Vehicle,FCEV)、混合动力汽车(Hybrid Electric Vehicle,HEV)和纯电动汽车(Battery Electric Vehicle,BEV)三大类都要用电动机来驱动行驶。选择合适的电动机是提高各类电动汽车性价比的重要因素。因此研发或完善能同时满足车辆行驶过程中的各项性能要求,并具有坚固耐用、造价低、效能高等特点的驱动电动机显得极其重要。

(二)驱动电动机的性能要求与技术优势

1.电动汽车对驱动电动机的性能要求

与传统工业驱动电动机不同,电动汽车的驱动电动机系统通常要求能够频繁地起动/制动、加速/减速、低速/爬坡时要求高转矩。高速行驶时要求低转矩且变速范围大。电动汽车对驱动电动机的性能要求归纳如下。

(1) 体积小、质量轻。为了充分利用有限的车载空间,减小车辆质量,降低运行中的能量消耗,应尽量减小驱动电动机的体积和质量。电动机可以采用铝合金外壳,各种控制装置和冷却系统等也要求尽可能轻量化和小型化。

(2) 全速段高效运行。一次充电续航里程长,特别是在车辆频繁起停或变速运行的情况下,驱动电动机应具有较高的效率。

(3) 低速大转矩及宽范围的恒功率特性。即使没有变速器,驱动电动机本身也应能满足所需的转矩特性,以满足在起动、加速、行驶、减速制动等各种运行工况下的功率和转矩要求。驱动电动机应具有自动调速功能,以减轻驾驶员的操作强度,提高驾驶的舒适度,并且能够达到与传统内燃机汽车同样的控制响应。

(4) 高可靠性。在任何运行工况下都应具有高可靠性,以确保车辆的行驶安全。

(5) 高电压。在允许的范围内尽可能采用高电压以减小电动机和控制器、导线等设备的尺寸,特别是可以降低逆变器的成本。

(6) 安全性能。动力电池组、驱动电动机等强电部件的工作电压能达到 300 V 以上,对电气系统的安全性和控制系统的安全性提出了更高的要求,新能源汽车驱动电动机必须符合车辆电气控制的相关安全性能标准和规定。

(7) 高转速。与低转速电动机相比,高转速电动机的体积和质量较小,有利于降低整车装备的质量。

(8) 使用寿命长。为降低新能源汽车的使用成本,驱动电动机的使用寿命应与车辆保持一致,真正实现节能环保的目标。同时驱动电动机还要求具有耐温和耐潮性能好、运行噪声低、结构简单、成本低、适合批量生产、使用维护方便等特点。

2. 驱动电动机的技术优势

电动机驱动与发动机驱动相比具有以下两大技术优势。

(1) 由于发动机在高效产生转矩时的转速被限制在一个较窄的范围内,所以需通过庞大而复杂的变速机构来适应这一特性,而电动机可以在相当宽广的转速范围内高效地产生转矩。

(2) 电动机实现转矩的快速响应性指标要比发动机高出两个数量级。常规来说,电气执行的响应速度都要比机械结构快几个数量级。因此,随着计算机电子技术的发展,先进的电气控制系统已取代笨重、庞大而响应滞后的部分机械结构。液压装置已成为技术进步的必然趋势。这样不但使各项性能指标大大提高,而且也将使制造成本降低。

(三) 驱动电动机的分类、性能对比

1. 驱动电动机的分类

驱动电动机可分为两大类:换向器(又称电刷)电动机和无换向器电动机。习惯上将有换向器的直流电动机简称为直流电动机。直流电动机由于技术成熟、控制简单,曾在电力驱动领

域有着突出的地位。实际上各类直流电动机(包括串励、并励、他励和永磁直流电动机)都曾在电动汽车上得到应用。但其换向器需要经常维护,可靠性低,正在被交流无换向器电动机取代。无换向器电动机包括感应电动机、永磁同步电动机、开关磁阻电动机等。无换向器电动机在效率、功率密度、运行成本、可靠性等方面明显优于传统的直流电动机,因此在现代电动汽车中获得广泛应用。电动汽车驱动电动机的分类汇总如图 5-1-2 所示。

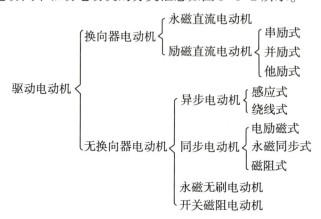

图 5-1-2　电动汽车驱动电动机的分类汇总

2.驱动电动机的性能对比

几种典型电动机的性能特性,如表 5-1-1 所示。

表 5-1-1　几种典型电动机的性能特性

性能及类型	直流电动机	异步电动机	永磁同步电动机	开关磁阻电动机
转速范围/(r·min^{-1})	4 000~6 000	12 000~20 000	4 000~10 000	>15 000
功率密度	低	中	高	较高
电动机质量	重	中	轻	轻
电动机体积	大	中	小	小
可靠性	一般	好	优	好
结构坚固性	差	好	好	好
控制器成本	低	高	高	一般

(四)新能源汽车驱动电动机的选型

选择新能源汽车驱动电动机的关键是电动机的机械特性。至今为止电动汽车采用的驱动电动机主要包括交流异步电动机、永磁同步电动机、无刷直流电动机和开关磁阻电动机。驱动电动机的机械特性可以用转矩转速特性和功率转速特性曲线来表示,并可作为选择电动机的参考依据。

在选择新能源汽车的驱动电动机时,可以向电动机生产厂家提出所需要的各种性能参数,以作为电动机设计的依据。实际上大多数情况下是新能源汽车制造商根据电动机生产厂家提供的技术性能参数选择现成的电动机,可供选用的电动机种类繁多,功率范围很广。新能源汽车对于驱动电动机的调速范围、可靠性、在恶劣环境下的工作能力等方面有比较高的要求。

1.额定电压的选择

电动机电压主要依据车辆总体参数的要求来选择,车辆的自重、电池等相关参数确定后,才能确定电动机的电压、转速等参数。即在车辆自重确定后,电池的个数就确定了,电动机的电压等级也随之确定了。但总体要求是尽可能提高电压等级,这样就可以使电动机在满足驱动要求的情况下功率小一些,电动机的电流也小一些,这样电池的容量选择、安装空间、安装方式等就更容易处理。

2.额定转速的选择

根据电动汽车的速度、动力性能的要求,需要选择不同转速的驱动电动机。

(1)低速电动机。低速电动机的转速为3 000~6 000 r/min,扩大的恒功率区的低速电动机额定转矩高、转子电流大、电动机的尺寸和质量较大,且相应的转换器、控制器的尺寸也较大,各种电器的损耗较大,但减速器的速比较小。一般低速电动机的转动惯量大,反应慢,不太适用于电动汽车。

(2)中速电动机。中速电动机的转速为6 000~10 000 r/min。它的各种参数介于低速电动机和高速电动机之间。电动汽车多采用中速电动机作为驱动电动机。

(3)高速电动机。高速电动机的转速为10 000~15 000 r/min。扩大的恒功率区宽、尺寸和质量较小,相应的转换器和控制器的尺寸也较小,各种电器的内在损耗较小,而其减速器的速比要大大增加,通常需要采用行星齿轮传动机构。高速电动机的使用主要受电磁材料的性能、高速轴承的承载能力的限制。一般高速电动机的转动惯性小,起动快,停止也快,电动汽车常采用高速电动机作为驱动电动机。

五、任务实施

1.实施要求

教学组织

分组实训:全班_____人,每_____人一组,分为_____组,使用_____套实训器材。

职责分工

教师职责:课堂纪律与安全管理、实训器材管理、指导与巡查。

学生职责:班长协助教师对班级进行全面管理与监控,学习委员负责器材管理和检查,团支书负责安全、纪律及素质评价,副班长负责搜集和反馈学生意见,实训小组长负责指导组内学习和交流。

6S 要求

安全、整理、整顿、清洁、清扫、素养。

2. 实施准备

(1) 新能源汽车。

(2) 辅助材料。

3. 实施步骤

(1) 根据驱动电动机在车上的位置查找完成情况,填写表 5-1-2。

得分_____(评分规则:每项 15 分,共 30 分)。

表 5-1-2 驱动电动机在车上的位置查找完成情况

探究车型	完成情况(是否能正确找到位置)	
	是	否
车型 1		
车型 2		

(2) 探究不同类型新能源汽车所使用的驱动电动机的类型和参数。

典型驱动电动机在新能源汽车上的应用如下:交流异步电动机主要应用在纯电动汽车中,永磁同步电动机主要应用在混合动力汽车中,开关磁阻电动机目前主要应用在客车中。从我国不同种类新能源汽车驱动电动机的应用来看,目前交流异步感应电动机和开关磁阻电动机主要应用于新能源商用车,对于新能源客车,开关磁阻电动机的实际装配应用较少;永磁同步电动机主要应用于新能源乘用车。根据驱动电动机类型与参数,填写表 5-1-3。

得分_____(评分规则:每项 10 分,共 40 分)。

表 5-1-3 驱动电动机类型与参数

探究车型	驱动电动机类型	驱动电动机参数
车型 1		
车型 2		

比较各种驱动电动机在国内的发展,现状如下:

① 对于交流异步电动机驱动系统,我国已建立了具有自主知识产权的开发平台,形成了小批量生产的开发、制造、试验及服务体系;产品性能基本满足整车需求,大功率异步电动机系统已广泛应用于各类电动客车;通过示范运行和小规模市场化应用,产品可靠性得到了初步验证。

② 对于开关磁阻电动机驱动系统,我国已初具优化设计和自主研发能力,通过合理设计电动机结构、改进控制技术,产品性能基本满足整车需求;部分公司已具备良好的生产能力,能满

足小批量配套需求,目前部分产品已配套整车示范运行,效果良好。

③对于无刷直流电动机驱动系统,国内企业通过合理设计及改进控制技术,有效提高了无刷直流电动机性能,产品基本满足电动汽车需求,企业已初步具有机电一体化设计能力。

④对于永磁同步电动机驱动系统,我国已具有一定的研发能力和生产能力,开发了不同系列的产品,可应用于各类电动汽车;产品部分技术指标接近国际先进水平,但总体水平与国外仍有一定差距;基本具备永磁同步电动机集成化设计能力;多数公司仍处于小规模试制生产阶段,少数公司已投资建立车用驱动电动机系统专用生产线。永磁电动机的主要材料有钕铁硼磁钢、硅钢等。部分公司掌握了电动机转子磁体先装配后充磁的整体充磁技术。国内研制的钕铁硼永磁体最高工作温度可达到80℃,但技术水平仍与德国和日本有较大差距。硅钢是制造电动机铁芯的重要磁性材料,其成本占电动机本体的20%左右。日本已生产出0.27 mm的硅钢片用于车用电动机。

4.注意事项

注意操作安全,确认电源处于断开状态。

六、6S 检查

得分_____(评分规则:共 10 分)。

根据 6S 检查的完成情况,填写表 5-1-4。

表 5-1-4 6S 检查的完成情况

6S 检查待完成步骤	完成情况	
	是	否
清点实训设备(1分)		
检查设备是否完好(1分)		
清洁设备并归位(2分)		
整理实训工位(2分)		
整理实训工单(2分)		
职业习惯养成(2分)		

七、课后练习

得分_____(评分规则:每空 1 分,共 10 分)。

1.判断题

(1)直流电动机由于技术成熟、控制简单,曾在电力驱动领域有着突出的地位。   (   )

(2)至今为止,电动汽车采用的驱动电动机主要包括交流异步电动机、永磁同步电动机、无刷直流电动机和开关磁阻电动机。   (   )

(3)一般低速电动机的转动惯量大,反应慢,适用于电动汽车。（ ）

(4)新能源汽车对于驱动电动机的调速范围、可靠性、在恶劣环境下的工作能力等方面有比较高的要求。（ ）

(5)电动机实现转矩的快速响应性指标要比发动机高出两个数量级。（ ）

2.选择题(单选)

(1)电动汽车不采用(　　)电动机作为驱动电动机。

　　A.低速　　　　　　　　B.中速　　　　　　　　C.高速

(2)(　　)是制造电动机铁芯的重要磁性材料。

　　A.低碳钢　　　　　　　B.铜　　　　　　　　　C.硅钢

(3)典型驱动电动机在新能源汽车上的应用：_____电动机主要应用在纯电动汽车中，_____电动机主要应用在混合动力汽车中，_____电动机目前主要应用在客车中。(　　)

　　A.交流异步、永磁同步、开关磁阻

　　B.开关磁阻、永磁同步、交流异步

　　C.交流异步、开关磁阻、永磁同步

(4)中速电动机的转速为(　　)r/min。它的各种参数介于低速电动机和高速电动机之间。

　　A. 2 000~5 000　　　　B. 6 000~10 000　　　　C. 8 000~15 000

(5)下列不属于无刷电动机的是(　　)。

　　A.永磁直流电动机　　　B.永磁同步式电动机　　C.开关磁阻电动机

八、评分汇总

根据各项目得分情况,填写表5-1-5。

表5-1-5　评分汇总

项　目	得　分
课前资讯(10分)	
任务实施(70分)	
6S检查(10分)	
课后习题(10分)	
总分(100分)	

任务二 直流电动机控制电路原理与应用

一、学习目标

(1)能知道直流电动机的基本结构与工作原理。
(2)能够理解直流电动机的特点及转速控制原理。
(3)能够知道直流电动机在新能源汽车上的应用。
(4)正规使用测量仪器,养成良好的新能源汽车维修职业素养。

二、课前资讯

课前预习,完成以下判断题。得分_____(评分规则:每空2分,共10分)。
(1)新能源汽车一般采用电子助力转向装置,该装置的动力源是交流电动机。（   ）
(2)电磁式直流电动机与永磁式直流电动机的结构基本相似,也主要由定子部分和转子部分组成。（   ）
(3)直流电动机的转子是直流电动机进行能量转换的枢纽。（   ）
(4)换向极的作用是改善换向,减小电动机运行时电刷与换向器之间可能产生的换向火花。（   ）
(5)换向极绕组用绝缘导线绕制而成,套在换向极铁芯上。换向极的数目与主磁极不相等。（   ）

三、任务导入

新能源汽车一般采用电子助力转向装置,该装置的动力源是直流电动机。根据驾驶员的驾驶意图,收集转向、车速、扭矩等信息,由控制模块完成直流电动机的转向控制和转速控制,保证汽车在低速转向行驶时轻便灵活,高速转向行驶时稳定可靠。

四、知识准备

(一)直流电动机的类型及结构

1.永磁式直流电动机

永磁式直流电动机是利用永久磁体来建立所需的磁场,实现直流电能转换为机械能(旋转)的一种直流电动机。永磁式直流电动机还广泛应用于各种便携式电子设备中,如录音机、影音光碟机(Video Compact Disc,VCD)等。永磁式直流电动机的分解图如图5-2-1所示。直流电动机由定子组件和转子组件组成,其结构如图5-2-2所示。

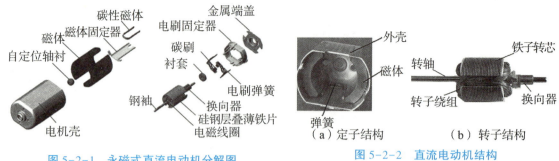

图 5-2-1　永磁式直流电动机分解图

图 5-2-2　直流电动机结构

(1)定子组件。

定子结构如图5-2-2(a)所示,其中的外壳主要起支撑作用,呈扁平、细长状,且一端同时起到轴承盖的作用,不仅简化了装配,还提高了电动机的密封性。外壳一般用厚度为1~2 mm的薄钢板经多次拉伸而成,内壁要安装磁体,后端要安装含油轴承组件,前端要连接碳刷、端盖组件。

(2)转子组件。

永磁式直流电动机的转子结构如图5-2-2(b)所示,转子组件是电动机的转动部分,主要作用是产生电磁转矩和感应电动势,是直流电动机进行能量转换的枢纽,因此通常又称为电枢。它由转子铁芯、转子绕组、换向器、转轴等构成。

2.电磁式直流电动机

电磁式直流电动机与永磁式直流电动机的结构基本相似,也主要由定子部分和转子部分组成,如图5-2-3所示。定子部分主要包括主磁极、机座、换向磁极、碳刷和端盖,转子部分主要包括电枢铁芯、电枢绕组、换向器、电动机转轴和轴承等部分。

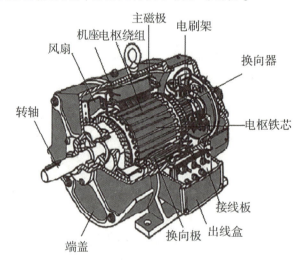

图 5-2-3　电磁式直流电动机结构

换向极的作用是改善换向,减小电动机运行时电刷与换向器之间可能产生的换向火花,一般装在两个相邻主磁极之间,由换向极铁芯和换向极绕组组成。换向极绕组用绝缘导线绕制而成,套在换向极铁芯上。换向极的数目与主磁极相等。

(1)电磁式直流电动机的分类。

①他励直流电动机。

励磁绕组与电枢绕组无连接关系,而由其他直流电源对励磁绕组供电的直流电动机称为他励直流电动机,他励直流电动机如图 5-2-4(a)所示。图中 M 表示电动机,永磁式直流电动机也可看作他励直流电动机。

②并励直流电动机。

并励直流电动机的励磁绕组与电枢绕组相并联,共用同一电源,并励直流电动机如图 5-2-4(b)所示。

③串励直流电动机。

串励直流电动机的励磁绕组与电枢绕组串联后,再接于直流电源,串励直流电动机如图 5-2-4(c)所示。这种直流电动机的励磁电流就是电枢电流。

④复励直流电动机。

复励直流电动机有并励和串励两个励磁绕组,复励直流电动机如图 5-2-4(d)所示。若串励绕组产生的磁通势与并励绕组产生的磁通势方向相同,称为积复励;若两个磁通势方向相反,则称为差复励。

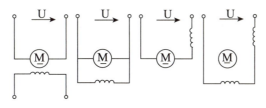

(a)他励　(b)并励　(c)串励　(d)复励

图 5-2-4　电磁式直流电动机分类

(二)直流电动机的工作原理

直流电动机是根据通电流的导体在磁场中会受力的原理来工作的。电动机工作原理如图 5-2-5 所示,根据电工基础中的左手定则。定子提供磁场,当直流电源通过电刷向电枢绕组供电时,电枢表面的 N 极下导体可以流过相同方向的电流,根据左手定则,导体将受到逆时针方向的力矩作用;电枢表面 S 极下部分导体也流过相同方向的电流,同样根据左手定则,导体也将受到逆时针方向的力矩作用。这样,整个电枢绕组即转子将按逆时针方向旋转,输入的直流电能就转换成转子轴上输出的机械能。

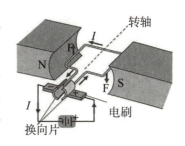

图 5-2-5　电动机工作原理

(三)直流电动机的特点及转速控制原理

1. 直流电动机的特点

①直流电动机调速性能好。所谓调速性能,是指电动机在一定负载的条件下,根据需要,人为地改变电动机的转速。直流电动机可以在重负载条件下,实现均匀、平滑的无级调速,而且调速范围较宽。

②起动力矩大。直流电动机可以均匀而经济地实现转速调节。因此,凡是在重负载下起动或要求均匀调节转速的机械,例如大型可逆轧钢机、卷扬机、电力机车、电车等,都用直流电动机。

但是直流电动机复杂的机械结构限制了电动机体积进一步缩小,尤其是内部电刷和换向器的滑动接触极容易造成机械磨损和火花,使直流电动机的可靠性下降、寿命变短和保养维护工作量变大。

2. 直流电动机的转速控制原理

控制器控制电源周期性地通断,给电动机提供一个脉冲电源。脉冲宽度越大,提供给电动机的平均电压越大,电动机转速就越高。反之亦然,脉冲宽度越小,提供给电动机的平均电压越小,电动机转速就越低。因此,通过改变脉冲的宽度,从而间接控制电动机的转速。

(四)直流电动机在新能源汽车上的应用

直流电动机有非常广泛的应用,例如电动车窗升降、电动雨刮和电动座椅等,都是由直流电动机实现的功能。现今新能源汽车都使用电子助力转向系统,该转向系统通过控制电动机输出相应大小的扭矩和方向,从而产生辅助动力,使转向系统更加轻便,响应速度更加快捷。

五、任务实施

1. 实施要求

教学组织

分组实训:全班_____人,每_____人一组,分为_____组,使用_____套实训器材。

职责分工

教师职责:课堂纪律与安全管理、实训器材管理、指导与巡查。

学生职责:班长协助教师对班级进行全面管理与监控,学习委员负责器材管理和检查,团支书负责安全、纪律及素质评价,副班长负责搜集和反馈学生意见,实训小组长负责指导组内学习和交流。

6S 要求

安全、整理、整顿、清洁、清扫、素养。

2. 实施准备

(1)测试电动机。

(2)绝缘电阻测试仪。

3.实施步骤

(1)探究直流电动机的铭牌和技术数据。

直流电动机的铭牌好比是它的身份证件,是选择和使用直流电动机的依据。某直流电动机的铭牌如表 5-2-1 所示。

表 5-2-1 直流电动机的铭牌和数据

型 号	Z2-92	励磁方式	并励
额定功率	22 kW	励磁电压	220 V
额定电压	220 V	额定(工作制)	连续
额定电流	116 A	绝缘等级	B
额定转速	1600 r/min	质量	××kg
技术条件	××××	出厂日期	××年××月
出厂编号	××××	励磁电流	2.06 A
××××电动机厂			

型号:型号包含电动机的系列、机座号、铁芯长度、设计次数、极数等,以 Z2-92 型电动机为例进行说明。Z 表示一般用途直流电动机;2 表示设计序号,即第二次改型设计;9 表示机座序号;2 为电枢铁芯长度代号。

额定功率:额定功率是指直流电动机在正常使用时,轴上允许输出的额定机械功率,一般单位为 kW(千瓦)。

额定电压:额定电压是指直流电动机在额定条件下正常运转时,从电刷两端输入给电动机的电压,一般单位为 V(伏特)。

额定电流:额定电流是指直流电动机在额定电压下输出额定功率时,长期运转允许输入的工作电流,一般单位为 A(安培)。

额定转速:额定转速是指直流电动机工作在额定电压、额定电流,输出额定功率时转子的转速,一般单位为 r/min(转/分钟)。直流电动机的铭牌通常标有高、低两种转速,低转速是基本转速,高转速是电动机输出的极限转速。

励磁方式:励磁方式是指励磁绕组的供电方式,分为他励、并励、串励和复励四种。

励磁电压:励磁电压是指励磁绕组的供电电压,一般单位是 V。

励磁电流:励磁电流是指在励磁电压的条件下,励磁绕组的输入电流,一般单位是 A。

定额工作制:定额工作制是指直流电动机的工作方式,一般分为连续制和断续制。

绝缘等级:绝缘等级是指直流电动机制造时所用绝缘材料的耐热等级,一般分为 B 级、F 级、H 级、C 级。

温升:温升是指直流电动机在额定工况下运行时所允许的工作温度减去绕组环境温度的

数值,单位为 K(开尔文)。

技术标准:国家标准,如中小型直流电动机的型号 Z4112/21,Z 表示直流电动机;4 表示第四次设计;112 表示机座中心高,单位为 mm;2 表示极数;1 表示电枢铁芯长度代号。

查阅电动机手册,将实验用永磁式直流电动机的主要技术数据记录于表 5-2-2 中。

得分_____(评分规则:每项 5 分,共 30 分)。

表 5-2-2　直流电动机数据

额定电压/V	额定功率/W	额定电流/A	额定转速/(r·min^{-1})	效率	绝缘等级

(2)探究直流电动机绝缘性的检测方法。

测量直流电动机各绕组的绝缘电阻,应使用 1 000 V 兆欧级电阻表,测得的绝缘直流电动机的电阻值一般不应低于 0.5 MΩ,对励磁机还应测量电枢绕组对轴及金属绑线的绝缘电阻。

绝缘电阻值的大小与绝缘材料性能、绝缘结构、表面状态、制造工艺、环境条件及试验检测方法等许多因素有关。由于绝缘电阻并不正比于绝缘介电强度,与击穿电压没有单值比例关系,其阻值究竟要多大电动机才可安全运行或阻值降低到何值才会发生事故,并没有一个准确的标准。因此它只能作为估计绕组绝缘状态的一个依据。在我国一般认为,绝缘电阻低于 0.5 MΩ,日本认为,绝缘电阻低于 0.1 MΩ,电动机就会进入危险区域,运行时绕组易发生烧损事故。

用直流电源对绕组的绝缘进行检测。磁场绕组对外壳,以及电枢绕组对直流电动机轴进行交流耐压试验。其试验电压值:交接试验标准规定,为额定电压的 1.5 倍再加 750 V,并不应小于 1 200 V。预防性试验规程规定,取电压为 1 kV;对 100 kW 以下不重要的直流电动机,电枢绕组对轴的交流耐压试验可用 2 500 V 兆欧级电阻表进行测量。

根据直流电动机绝缘性的检测结果,填写表 5-2-3。

得分_____(评分规则:每项 8 分,共 40 分)。

表 5-2-3　直流电动机绝缘性的检测结果

测试项目	结果与数据
励磁绕组绝缘电阻检测	
换向磁极绕组绝缘电阻检测	
补偿绕组绝缘电阻检测	
电枢绕组对轴绝缘电阻检测	
电枢绕组对金属绑线绝缘电阻检测	

4.注意事项

(1)兆欧级电阻表使用前,应对其状态符合性进行检查:在其引接线短接和分开的两种状态下,检查兆欧级电阻表和引接线是否正常。

(2)对于电动机的不同绕组,如果它们的两个线端都已引出到电动机机壳之外,则应分别测量每个绕组对机壳的绝缘电阻。

(3)绝缘电阻实验时,不参与实验的绕组应与机壳进行可靠连接。

六、6S 检查

得分_____(评分规则:共 10 分)。

根据 6S 检查的完成情况,填写表 5-2-4。

表 5-2-4　6S 检查的完成情况

6S 检查待完成步骤	完成情况	
	是	否
清点实训设备(1分)		
检查设备是否完好(1分)		
清洁设备并归位(2分)		
整理实训工位(2分)		
整理实训工单(2分)		
职业习惯养成(2分)		

七、课后练习

得分_____(评分规则:每空 1 分,共 10 分)。

1.判断题

(1)直流电动机是根据通电流的导体在磁场中会受力的原理来工作的。　　(　　)

(2)直流电动机调速性能好。所谓调速性能,是指电动机在一定负载的条件下,根据需要,人为地改变电动机的转速。　　(　　)

(3)测量直流电动机各绕组的绝缘电阻,应使用 500 V 兆欧级电阻表。　　(　　)

(4)绝缘电阻值的大小与绝缘材料性能、绝缘结构无关。　　(　　)

(5)他励直流电动机,励磁绕组与电枢绕组有连接关系。　　(　　)

2.选择题(单选)

(1)并励直流电动机的励磁绕组与电枢绕组(　　),共用同一电源。

A.并联　　　　　　　　B.串联　　　　　　　　C.无连接关系

(2)额定电压是指直流电动机在额定条件下正常运转时,从(　　)两端输入给电动机的电压,一般单位为 V(伏特)。

A.转轴　　　　　　　　B.换向器　　　　　　　C.电刷

(4)绝缘电阻值的大小与绝缘材料性能、绝缘结构、表面状态、制造工艺、环境条件及试验检测方法等许多因素有关。在我国一般认为,绝缘电阻低于(　　)。

　　A. 0.1 MΩ　　　　　　　B. 0.5 MΩ　　　　　　　C. 1.5 MΩ

(5)通电流的导体在磁场中会受力,受力方向与电流方向及磁场方向的关系用(　　)来判断。

　　A.左手定则　　　　　　B.右手定则　　　　　　C.右手螺旋定则

八、评分汇总

根据各项目得分情况,填写表5-2-5。

表5-2-5　评分汇总

项　　目	得　　分
课前资讯(10分)	
任务实施(70分)	
6S 检查(10分)	
课后习题(10分)	
总分(100分)	

任务三　三相电动机控制电路原理与应用

一、学习目标

(1)能理解三相异步电动机的基本结构与原理。

(2)能理解永磁同步电动机的接线结构与原理。

(3)能了解三相电动机在新能源汽车上的应用。

(4)正规使用测量仪器,养成良好的新能源汽车维修职业素养。

二、课前资讯

课前预习,完成以下判断题。得分_____(评分规则:每空2分,共10分)。

(1)三相异步电动机主要有两大部件:定子和转子。　　　　　　　　　　　(　　)

(2)三相异步电动机的工作原理用到两大电磁定律:电磁感应定律和楞次定律。(　　)

(3)三相永磁同步电动机的转子上装有永磁体材料。　　　　　　　　　　　(　　)

(4)永磁同步电动机效率较高,其体积小、质量轻、输出转矩大。　　　　　(　　)

(5)永磁同步电动机的转子连接着汽车的复合行星齿轮传动机构,经过减速器和差速器后连接车轮。　　　　　　　　　　　　　　　　　　　　　　　　　　　　　　(　　)

三、任务导入

电动机种类繁多,按工作电源不同,电动机可以分为直流电动机和交流电动机两大类。直流电动机、交流电动机按转子磁场与定子磁场的转速是否相同,又分为同步电动机和异步电动机两大类。同步电动机又可分为永磁同步电动机、磁阻同步电动机和励磁同步电动机。异步电动机又分为三相异步电动机和单相异步电动机两种。电动汽车主要采用交流电动机,而且以三相异步电动机和三相永磁同步电动机两种交流电动机为主。本任务也主要介绍这两种电动机的构造与原理。

四、知识准备

(一) 三相异步电动机的结构及工作原理

1.三相异步电动机的结构

三相异步电动机主要有两大部件:定子和转子。定子是最外面的圆筒,圆筒内侧缠绕有很多绕组,这些绕组与外部交流电源接通,整个圆筒则与机座连接在一起,固定不动,因此称为"定子"。在定子内部,要么是缠绕有很多绕组的圆柱体,要么是笼型结构的圆柱体,它们与电动机的动力输出轴连接在一起并同速旋转,因此称为"转子"。转子与定子之间没有任何连接和接触,但是当定子上的绕组接通交流电源时,转子就会立刻旋转并输出动力。三相异步电动机结构如图5-3-1所示。

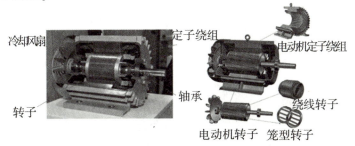

图 5-3-1 三相异步电动机结构

2.三相异步电动机的工作原理

三相异步电动机的通电绕组在旋转磁场里转动。电动机中的定子和转子并不接触,其工作原理用到两大电磁定律:电磁感应定律和楞次定律。在定子上缠绕的绕组通上交流电后,由于交流电的特性,定子绕组就会产生一个旋转的电磁场。转子上的绕组是一个闭环导体,它处在定子的旋转磁场中就相当于在不停地切割定子的磁感应线。根据法拉第电磁感应定律,闭合导体的一部分在磁场中做切割磁感应线的运动时,导体中就会产生电流。

根据楞次定律,感应电流的效果总是反抗引起感应电流的原因,也就是尽力使转子上的导体不再切割定子旋转磁场的磁感应线,这样的结果就是:转子上的导体会"追赶"定子的旋转电磁场,也就是使转子随着定子旋转磁场运动,最终使电动机开始旋转。由于转子总是在"追赶"

定子旋转磁场的旋转速度,并且为了能够切割磁感应线而产生感应电流,转子的转速总要比定子电磁场的转速慢一点(2%~6%),也就是异步运行,所以才将这种产生感应电流的电动机称为异步电动机。三相异步电动机工作原理示意图如图5-3-2所示。

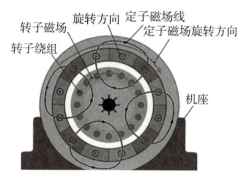

图5-3-2 三相异步电动机工作原理示意图

3.三相异步电动机特点

三相异步电动机是在电动汽车上应用最为广泛的电动机。它结构简单、质量较轻、体积较小、运行可靠、经久耐用、制造成本较低、维修简单方便。它的转速可达到 12 000~15 000 r/min。其缺点是控制系统非常复杂,制造成本较高,其控制系统的造价要远高于电动机本身。

(二)三相永磁同步电动机的结构及工作原理

1.三相永磁同步电动机的结构

三相永磁同步电动机主要由定子、转子和端盖等部件构成,定子由叠片叠压而成以减少电动机运行时产生的损耗,其中装有三相交流绕组,称作电枢。转子可以制成实心的形式,也可以由叠片压制而成,其上装有永磁体材料。三相永磁同步电动机结构如图5-3-3所示。

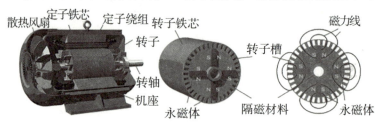

图5-3-3 三相永磁同步电动机结构

三相永磁同步电动机上的转子使用永久磁铁,具有转子运动惯量小、运行效率高、功率密度高的优点。永磁同步电动机上没有集电环和电刷,由此避免了集电环和电刷磨损造成的故障。但是由于电动机的转子使用永磁材料制成,电动机在长时间工作后会因为高温、振动导致磁力发生热衰退现象。

2.三相永磁同步电动机的工作原理

三相永磁同步电动机定子绕组中当一组线圈通电时,同一组且对角的两匝线圈会产生相异磁极,就会吸引转子朝磁极转动。当给三相线圈依次进行通电时,定子内部就会产生不断旋转的磁场。因此,在磁场力矩作用下,转子与定子旋转磁场"同步"旋转。这就是同步电动机的工作原理。永磁同步电动机原理示意图如图5-3-4所示。

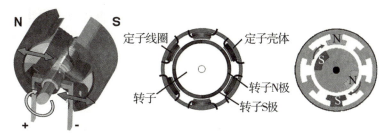

图5-3-4 永磁同步电动机原理示意图

实际应用中转子并不是只有一根磁铁,而是多根磁铁嵌入在转子上,转子的外壁就形成了等距离间隔的S极和N极。三相线圈在交流电的作用下产生旋转磁场,使转子稳定地旋转起来。

(三)三相电动机的转向控制原理

三相电动机转子跟随定子产生的旋转磁场转动,通过改变三相电的通电顺序即可改变旋转磁场的转动方向,从而实现间接控制转子转向。需要改变旋转磁场的方向时,只需要将接入的三相线任意两相进行对调,旋转磁场就会向相反的方向旋转。

(四)三相电动机在新能源汽车上的应用

永磁同步电动机效率较高,同时其体积小,质量轻,输出转矩大,电动机的极限转速和制动性能也比较优异。因此,永磁同步电动机已成为现今电动汽车应用最多的电动机;其劣势主要集中于永磁体依赖稀土,如果想要大的功率,就要大块的永磁体,造价高;另外它在高温之类的恶劣环境下容易退磁。

永磁同步电动机结构图如图5-3-5所示,转子连接着汽车的复合行星齿轮传动机构,经过减速器和差速器后连接车轮。通过调节电流大小和频率就可以大范围地调整电动机的旋转速率和功率,从而驱动汽车。

三相异步电动机具有成本低廉、工艺简单、运行可靠、维修方便等特点,能够在复杂的工作环境中工作,也对周围工作温度的大幅度变化有比较强的适应能力,且自身具有起动高转矩、高速转矩调整。但在同样的功率和扭矩下,异步电动机所需要的体积和质量要远大于永磁同步电动机。

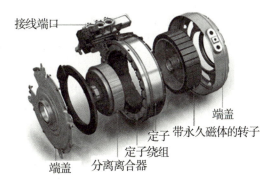

图5-3-5 永磁同步电动机结构图

而关于电动机的选择,取决于主机厂最终车型的定位及能耗的策略。当汽车处于高速行驶时,三相异步电动机能够保持高速运转和高效的电能使用效率;而在面对反复起停、加减速时,调速性能好的永磁同步电动机仍能够保持较高效率。

关于二者的优劣其实并没有准确的答案,更多的是适用性的问题,国内的新能源汽车品牌即便都是使用永磁同步电动机,像特斯拉的部分高端车型用的也是三相异步电动机,而四驱版本中经常是两者一起使用的。

五、任务实施

1.实施要求

教学组织

分组实训:全班_____人,每_____人一组,分为_____组,使用_____套实训器材。

职责分工

教师职责:课堂纪律与安全管理、实训器材管理、指导与巡查。

学生职责:班长协助教师对班级进行全面管理与监控,学习委员负责器材管理和检查,团支书负责安全、纪律及素质评价,副班长负责搜集和反馈学生意见,实训小组长负责指导组内学习和交流。

6S 要求

安全、整理、整顿、清洁、清扫、素养。

2.实施准备

(1)测试电动机。

(2)绝缘电阻测试仪。

3.实施步骤

探究三相异步电动机绝缘电阻的测量方法。

电气设备在使用中,因发热、污染、受潮或老化都会使绝缘电阻下降,可能会造成设备漏电或短路及人身触电事故,为了确保设备正常运行和人身安全,必须对新购置、放置三个月以上的设备重新投入使用的或使用中设备、线路进行定期检查,发现有隐患及时排除。

(1)正确选择仪表。

测量三相异步电动机的绝缘电阻,应该选择兆欧级电阻表(数字式或指针式)。选用兆欧级电阻表的原则如下:

①根据被测线路或电气设备的电压选择兆欧级电阻表的额定电压等级;测量 500 V 及以下的线路或设备,选用 500 V 或 1 000 V 的兆欧级电阻表;额定电压在 500 V 以上的线路或设备,应选用 1 000 V 或 2 500 V 的兆欧级电阻表;对于绝缘子、母线等高压设备或线路应选用 2 500 V 或 5 000 V 兆欧级电阻表。

②根据被测线路或电气设备的绝缘电阻要求来选择兆欧级电阻表额定的量程(例:线路要求绝缘不少于 1 000 MΩ 才能合格的,则选用兆欧级电阻表量程时就应该大于 1 000 MΩ);

根据测量三相异步电动机绝缘电阻仪表选择的完成情况,填写表 5-3-1。

得分_____（评分规则:每项 20 分,共 20 分）。

表 5-3-1　测量三相异步电动机绝缘电阻仪表选择

检查项目	完成情况（是否能正确找到位置）	
	是	否
仪表选择		

（2）使用前检查（以指针表为例）。

①外观检查。

a.检查外壳是否完整,有无破损;是否有合格证明或定期检验证明;

b.检查指针是否有弯曲;

c.检查引线连接是否正确（线路 L 引线为红色、接地 E 引线为黑色、屏蔽 G）、是否破损,表笔夹头绝缘是否良好;

d.检查旋转把手是否正常;

e.电压是否适合（500 V 或 1 000 V 用于低压线路或设备,2 500 V 以上用于高压线路或设备）。

②短路试验和开路试验。

a.短路试验:将两表笔短接,慢速旋转手柄,刻度盘指针应该指零;

b.开路试验:将两表笔开路,快速（120 r/min）旋转手柄,刻度盘指针应该指向∞。

注意:如果指针指不到零位或∞的,则需回收到专业机构调整合格后,方可使用,否则会影响测量结果。

根据指针表使用前检查,填写表 5-3-2。

得分_____（评分规则:每项 10 分,共 30 分）。

表 5-3-2　指针表使用前检查

检查项目	完成情况（是否能正确找到位置）	
	是	否
外观检查		
短路试验		
开路实验		

（3）测量。

①测量电动机相与地（外壳）绝缘电阻时,E 端（黑色引线）接电动机外壳,L 端（红色引线）分别接被测绕组的一端（U—外壳;V—外壳;W—外壳）。

②测量电动机相与相绝缘电阻时,E 端（黑色引线）、L 端（红色引线）分别接三相电动机三相被测绕组的一端（U—V;U—W;V—W）。

③每一次测量时,摇柄转速由慢到快摇动手柄,直到转速达 120 r/min 左右,保持手柄的转速均匀、稳定,一般转动 1 min,待指针稳定后读数。

④测量完毕,待兆欧级电阻表停止转动和被测物接地放电后方能拆除连接导线。

⑤结果判断或读数直接读出。数值不低于低压设备或线路要求的绝缘电阻值 0.5 MΩ 为合格。

根据三相异步电动机绝缘电阻检测结果,填写表 5-3-3。

得分_____(评分规则:每项 10 分,共 20 分)。

表 5-3-3　三线异步电动机绝缘电阻检测结果

检查项目	结果与数据
电动机相与地(外壳)绝缘电阻检测	
电动机相与相绝缘电阻检测	

4.注意事项

(1)设备或线路必须在断电状态下才能测量。

(2)禁止在雷电时或高压设备附近测绝缘电阻,只能在设备不带电,也没有感应电流的情况下测量。

(3)摇测过程中,被测设备上不能有人工作。

(4)摇表线不能绞在一起,要分开。

(5)摇表未停止转动之前或被测设备未放电之前,严禁用手触及。拆线时,也不要触及引线的金属部分。

(6)测量摇动手柄时应该放稳扶紧,以防摇表摇动时晃动及摇速不均匀造成读数不准确,特别是测量大设备时电能返回造成仪表烧坏。

(7)测量时,对于大电容设备要考虑吸收比 $R60/R15 \geq 1.3$,结束时需进行放电。

(8)测量过程中,如果指针指向"0"位,表示被测设备内部短路,应立即停止转动手柄。

六、6S 检查

得分_____(评分规则:共 10 分)。

根据 6S 检查的完成情况,填写表 5-3-4。

表 5-3-4　6S 检查的完成情况

6S 检查待完成步骤	完成情况	
	是	否
清点实训设备(1分)		
检查设备是否完好(1分)		
清洁设备并归位(2分)		
整理实训工位(2分)		
整理实训工单(2分)		
职业习惯养成(2分)		

七、课后练习

得分_____(评分规则:每空 1 分,共 10 分)。

1.判断题

(1)永磁同步电动机转子使用永磁材料制成,电动机在长时间工作后会因为高温、振动导致磁力发生热衰退现象。( )

(2)三相异步电动机的控制系统非常简单,制造成本较低,其控制系统的造价要远低于电动机本身。( )

(3)电气设备在使用中,因发热、污染、受潮或老化都会使绝缘电阻下降。( )

(4)三相电动机定子的作用是产生旋转磁场。( )

(5)通过调整输入三相同步电动机电流的大小就可以大范围地调整电动机的旋转方向。( )

2.选择题(单选)

(1)永磁同步电动机上的转子使用的是( )。

A.永久磁铁　　　　　　　B.线圈　　　　　　　C.以上所有选项

(2)改变交流的( )可以调整电动机的旋转方向。

A.电压　　　　　　　　　B.电流　　　　　　　C.相序

(3)与直流电动机相比,永磁同步电动机少了( )部件。

A.电刷　　　　　　　　　B.定子　　　　　　　C.转子

(4)下列不属于永磁同步电动机的优点是( )。

A.效率较高、质量轻　　　B.输出转矩大　　　　C.结构简单

(5)下列不属于三相异步电动机优点的是( )。

A.成本高　　　　　　　　B.工艺简单　　　　　C.运行可靠

八、评分汇总

根据各项目得分情况,填写表 5-3-5。

表 5-3-5　评分汇总

项　目	得　分
课前资讯(10 分)	
任务实施(70 分)	
6S 检查(10 分)	
课后习题(10 分)	
总分(100 分)	

参 考 文 献

[1] 陈黎明,王小晋.电动汽车结构原理与故障诊断[M].北京:机械工业出版社,2015.

[2] 敖东光,宫英伟,陈荣梅.电动汽车结构原理与检修[M]北京:机械工业出版社,2017.

[3] 冯津,钟永刚.新能源汽车电力电子技术[M].北京:机械工业出版社,2020.

[4] 徐艳民.电动汽车动力电池及电源管理[M].北京:机械工业出版社,2014.

[5] 翟秀军.汽车电工电子技术[M].北京:北京邮电大学出版社,2000.

[6] 贾利军,尹力卉.新能源汽车概论[M].北京:机械工业出版社,2017.

[7] 崔胜民.新能源汽车技术解析[M].北京:化学工业出版社,2016.

[8] 姜久春.电动汽车充电技术及系统[M].北京:北京交通大学出版社,2017.

[9] 王震坡,孙逢春,刘鹏.电动汽车原理与应用技术[M].北京:机械工业出版社,2016.

[10] 吴晓刚,周美兰,张思艳,等.电动汽车技术[M].北京:机械工业出版社,2018.